insel taschenbuch 5066
Weihnachtswunderland

Kaum jemand kann sich ihrem Zauber entziehen – voller Vorfreude werden die Weihnachts- und Adventstage erwartet. Und wenn am Adventskranz das erste Lichtlein brennt, der unwiderstehliche Duft von gebrannten Mandeln und frischgebackenen Plätzchen die Luft erfüllt und Straßen und Häuser festlich geschmückt sind, schlagen nicht nur Kinderherzen höher – dann hat die schönste Zeit des Jahres begonnen.

Es ist eine magische Zeit, in der alles möglich ist. Vom besonderen Zauber der Weihnachtstage, von großen und kleinen Wundern, von wunderbaren Begebenheiten und Erlebnissen erzählen Claire Beyer, Thomas Bernhard, Ray Bradbury, Bertolt Brecht, Kate Chopin, Urs Faes, Axel Hacke, Carsten Henn, Richard Hughes, Gabriela Jaskulla, Siegfried Kracauer, Karl Krolow, Marco Lodoli, Timo Parvela, Antoine de Saint-Exupéry, Dylan Thomas, Robert Walser u. v. a.

WEIHNACHTS WUNDERLAND

Die schönsten Geschichten zum Fest

Herausgegeben von Gesine Dammel

INSEL VERLAG

Klimaneutral
Druckprodukt
ClimatePartner.com/14438-2110-1001

Erste Auflage 2024
insel taschenbuch 5066
Originalausgabe
© Insel Verlag Anton Kippenberg GmbH & Co. KG, Berlin, 2024
Alle Rechte vorbehalten. Wir behalten uns auch eine Nutzung des Werks
für Text und Data Mining im Sinne von § 44b UrhG vor.
Umschlagillustration: Burkhard Neie, Berlin
Satz: Satz-Offizin Hümmer GmbH, Waldbüttelbrunn
Druck: CPI books GmbH, Leck
Printed in Germany
ISBN 978-3-458-68366-7

www.insel-verlag.de

Inhalt

Wunder geschehen

Weihnachtlicher Budenzauber

Siegfried Kracauer
Weihnachtlicher Budenzauber

Wo sich sonst glatte Straßen und Plätze hinziehen, tau-
chen vor Weihnachten wunderbare Jahrmarktsstädte
auf, die aus Rollwagen, Buden und Tischen bestehen.
Sie sind von Tannenwäldern eingebettet, deren entwur-
zelte Stämme den Ausblick auf die Asphaltflächen ver-
decken, und lassen den gemeinen Alltag nicht durch.
Die Schaufenster weichen in den Hintergrund zurück,
die Straßenbahnen rauschen jenseits der Tannen, die selber nicht rauschen können. Eine unübersehbare Menschenmenge – Bazare und Fußgänger gehören zusammen – kommt aus dem grünen Dickicht hervor, bildet
Knäuel, die zergehen, wälzt sich weiter und entschwin-
det wieder im Dickicht. Es ist, als sei das Gewimmel
ein notwendiger Bestandteil der hölzernen Stadt.
Feilgeboten werden in ihr Dinge, die für gewöhnlich keine feste Unterkunft haben; es sei denn im Halbdunkel
von Passagen. Unnützer Krimskrams, der nicht zu ern-
ster Beschäftigung, sondern allenfalls zum Zeitvertreib
taugt. Hier in der Budenstadt wagt sich das Gelichter voll-
ständig an den Tag. Es kriecht aus Ritzen und Schlupf-
winkeln hervor und freut sich des Passierscheins, den
man ihm in Erwartung der Feiertage gegeben hat. Solan-
ge sie dauern, währt seine Herrschaft. Ist doch diese Zeit
die der kleinen Dämonen, die sich das ganze Jahr über
nicht austoben dürfen. Jetzt endlich werden sie freige-
lassen, um ihre Saturnalien zu begehen. Kaum sind sie

ausgeschwärmt, so tritt an die Stelle unserer Welt eine andre. Eine primitive Vorwelt, die so zusammengeschrumpft ist, daß sie, die einst aus Höhlentiefen bis zu den Sternen reichte, heute bequem in Zimmerecken Platz findet. Erwachsene gelten in ihr nicht mehr als die Kinder. Sie nehmen Angstträume in die Hand, spielen mit überwundenen Göttern und belustigen sich über die Miniaturverkörperungen elementarer Gewalten.

Den Sinnen, die ihre Lust büßen wollen, bietet sich eine ganze wilde Jagd von Gegenständen an. »Alles regt sich, alles bewegt sich«, schreien die Händler. In der Tat regen und bewegen sich diese Nachbilder des großen Natur- und Geisterplunders nach unserem Gefallen. Die Katze lupft ein Bein, der Esel streckt Zunge und Schwanz heraus, und die graue Maus, der »Schrecken der Damenwelt«, huscht pfeilgeschwind über den Boden. Es muß schön sein, wenn die Damen quietschen und sich hinterher alles in Wohlgefallen auflöst. Auch die Babys werden noch halb zum Tierreich gerechnet und wie aus Spaß zur immerwährenden Wiederholung der ihnen eigentümlichen Tätigkeiten genötigt. Das mechanische Krabbeln, Strampeln und Grimassieren wäre zum Fürchten, brächen sie nicht glücklicherweise eines Tages den Bann. Ihrem winzigen Maßstab sind viele Gebilde angepaßt, deren Originale sich manchmal wie besessen gebärden. Wahrscheinlich ist es nicht jedermanns Sache, sich einer Luftschaukel anzuvertrauen. Wenn aber die Schaukel auf einem Rollwägelchen sitzt, das nur gezogen zu werden braucht, damit sie sich zu drehen beginnt, bleiben sogar die zierlichen Figürchen bei Besinnung, die in ihren Kabinen durch die Luft sausen müssen. Nicht minder harmlos ist die Bergfahrt zu einem Gipfel, dessen schwindelerregende Höhe von der eines Fingers übertroffen wird, oder die Veranstaltung eines Pferderennens, das auf einer Tellerfläche gelaufen werden kann. Man zieht die Schraube an und gebietet über Kräfte, die kaum zu bändigen sind und oft Katastrophen entfesseln. Ja, die Erdkugel selber ist uns in Gestalt eines als Globus ausgebildeten Kreisels unterworfen. Ein Griff genügt, um sie so rasch rotieren zu lassen, daß sämtliche astronomische Gesetze in Verwirrung geraten. Während sie auf der Schnur tanzt, werden ihre fünf Weltteile vom Kerzenlicht eines blechernen Leuchtturms beschienen. Dazu ertönt das künstliche Gegacker einer nicht vorhandenen Henne und eine sanfte Flötenmusik, die mit Hilfe eines Metallstücks kinderleicht zu bewerkstelligen ist.

»Alles regt sich, alles bewegt sich.« An die Oberfläche dringt auch ein Zeug, von dem wir nur mittelbar etwas wissen. Es trägt keinen Namen, fegt durch die Stuben und überfällt uns gern hinterrücks. Nachts wird es lebendig, ohne sich je zu zeigen, und im hellen Tag verstört es die Dinge, so daß sie bösen Schabernack treiben. Dadurch, daß diese Unwesen in den Buden sichtbare Formen annehmen, verlieren sie sofort die Macht, die sie über uns haben. Sie enthüllen sich zum Beispiel als Puppengeschöpfe aus Holz, Draht und Stoffresten, die unserer Laune so sehr zu Willen sind, daß sie auf den leisesten Druck hin durch den Hohlraum der Feiertagszeit hüpfen. Besonders kurios ist der Irrwisch ausgefallen, zu dem sich das verborgene Gesindel verdichtet. Weder hat er eine Spur von Menschenähnlichkeit, noch auch gleicht er sonst einer bekannten Kreatur. Seine Gliedmaßen sind Garnspulen und -rollen, und das ganze Gestell wird von einem Seidenstern gekrönt. Wehe, wenn ihn einer abwickelte. Dann verschwände die drollige Schrecklichkeit, und das Fadenmännchen wirkte zu unserem Verderben wieder hinter den Kulissen.

Mitten unter diesen müßigen Artikeln machen sich Seifen, Krawatten, Parfümerien, Schals und andere handfeste Waren breit, die sich über ihre nichtsnutzige Nachbarschaft erhaben dünken. Sie liegen in Koffern zur Schau, die so billig sind wie sie selber, und fordern seriöse Beachtung. Aber wenn sie auch noch so wichtig tun, gehören sie darum doch nicht minder zur Bagage ringsum. Man hat sie aus den Geschäften vertrieben, und nun führen sie in der Budenstadt dieselbe Vagabundenexistenz wie das übrige Gelichter und die Verkäufer an Ständen und Tischen. Der Spuk aus Erdspalten und Möbeln verträgt sich ohne Schwierigkeit mit den Ausschußprodukten der Gesellschaft. Nicht umsonst drohen die Gesichter mancher Arbeitslosen, die hier für einige Tage einen Verdienst gefunden haben, ganz zu vergehen und dem Fadenmännchen zu folgen. Hinter einem Tannenwaldbündel sitzt ein Bettler, der sich ausdrücklich als einen »Zivilblinden« bezeichnet. Er bringt auf seinem Harmonium Melodien hervor, die das Hennengegacker und die Flötenimitation übertönen. Sie werden erst dann lustig klingen, wenn alle diese lebensgroßen Elendsfiguren klein geworden sind wie die springenden Püppchen, mit denen wir spielen.

Marco Lodoli
Weihnachten in den Straßen Roms

Weihnachten in der Via Lago Tana*

Die Via Lago Tana ist eine sehr ruhige anonyme Querstraße der Viale Libia, ein komplett afrikanisches Viertel, das unter den Vierteln des Mittelstandes das am meisten heruntergekommene ist: wenig Raum, aneinandergedrängte hohe Wohnburgen, ein unerträglicher Verkehr. Und dennoch war diese Straße, die gar nichts Besonderes an sich hat, zu Ende der sechziger Jahre die wichtigste in Rom, die am meisten geliebt wurde!
Die Abendausgabe einer Zeitung schrieb einige Jahre hindurch einen Wettbewerb für die am schönsten weihnachtlich geschmückte Straße aus; und die Menschen schickten, weil das damals viel einfacher war und sie mit großer Hingabe am Stadtleben teilnahmen, jeden Tag tausende Wahlzettel. Auf den ersten Plätzen lösten einander die berühmtesten Straßen ab, die Straßen des Zentrums, die vor Festbeleuchtung und Girlanden nur so glitzerten, von eigens dafür erdachten Erfindungen und Wundern: Via Frattina, Via dei Condotti, Via Borgognona, und weiter Via Cola di Rienzo, Via Nazionale, Via Sistina … Das war ein Aufeinanderprallen von edelsteinübersäten Titanen und prunkvoll aufgezäumten Vollblutpferden.
Wer weiß, ob sich jemand noch an diesen vorweihnachtlichen Wettbewerb erinnert, der den Stolz der Stadtbe-

zirke und Viertel entflammte. Ich war damals ein Kind und habe jeden Abend auf meinen Vater gewartet, um in den Zeitungen zu lesen, was sich in der Rangordnung verschoben hatte, wer vorne lag, wer an Punkten verloren hatte. Es war ein aufregendes Kopf-an-Kopf-Rennen, das sich jedes Mal erst im Zielfoto entschied. Es klingt unglaublich, aber drei Jahre hindurch gewann wahrhaftig die Via Tana, diese kleine und heute düstere Straße, für eine Verkaufsstraße wenig befahren. Und doch erschien sie zu dieser Zeit als auf die Erde herabgeholte Milchstraße, ein Rausch an Lichtern, der die Phantasie der Großen und der Kleinen entzündete.

Alles geht vorbei, und die Erinnerungen verblassen, aber für mich bleibt die Via Lago Tana, zumindest während der Feiertage, die Königin der Straßen. Auch wenn sie heute die Krone abgesetzt und sich in einen dunklen Mantel gehüllt hat.

Der Stuhl des Teufels

Diesen Sonntag gehen wir bei unserem Spaziergang von einem nicht allzu gebräuchlichen, andererseits aber auch nicht allzu seltenen Wort aus: Oxymoron. Dem Wörterbuch zufolge ist das Oxymoron »eine rhetorische Figur, die sich aus der Zusammenstellung zweier sich widersprechender Begriffe ergibt«. Nennen wir zum besseren Verständnis ein paar Beispiele: alter Knabe, bittersüß, beredtes Schweigen oder auch *festina lente*, ein lateinischer Ausdruck, der so viel bedeutet wie »Eile mit

Weile«. Im Übrigen besteht für viele philosophische Richtungen die höchste Ebene der Erkenntnis eben darin, die Einheit der Gegensätze zu begreifen: was der Logik zufolge getrennt scheint – weiß und schwarz, Himmel und Erde, ich und die Welt –, erweist sich als in einem unauflösbaren Begriff vereint. Wir haben es mit dem Prinzip des Nichtdualismus zu tun: »Das, was der kleine Geist trennt, fügt der große zusammen«, heißt es im *Tao-te-king*. Und mit diesen vagen theoretischen Voraussetzungen begeben wir uns ins afrikanische Viertel, zur Piazza Elvio Callisto. Der hässliche kleine, von Wohnhäusern aus den fünfziger Jahren beherrschte Platz wird jedoch von niemandem so genannt, sondern heißt ganz einfach »Der Stuhl des Teufels«, und dieser Name steht in verblichenen Lettern auch auf einer Hauswand. Die unheimliche Bezeichnung rührt von einem Denkmal her, das sich mitten auf dem Platz befindet, einer römischen Ruine, die aussieht wie ein riesiger hohler Zahn. In der Dunkelheit ist das verfallene Relikt tatsächlich etwas unheimlich, und selbst wenn Beelzebub nicht seinen müden Hintern darauf platziert, ist es kein fröhlicher Anblick. Zu Weihnachten wird diese düstere Höhle jedoch von einem zarten Licht erhellt.

Die teuflische Grotte verwandelt sich in den Stall von Bethlehem und wird plötzlich von sämtlichen Krippenfiguren bevölkert, vom Jesuskind, von Maria und Joseph, dem Ochsen und dem Esel, den Hirten und den Schafen. Drei Engel hängen an einem Faden von der Decke, und auch die Heiligen Drei Könige sind schon da, mit ihren Kamelen und ihren kostbaren Gaben, obwohl sie eindeutig zu früh dran sind. Der Ort, wo man es am wenigsten erwartet hätte, der Stuhl des Teufels, beherbergt eine wunderschöne Krippe. Wir haben es mit einem wahren Oxymoron zu tun, Licht und Dunkel vermischen sich, und wie es so oft bei den Menschen der Fall ist, gehen neues Leben und die alten Sünden Hand in Hand.

Robert Walser

Die kleine Schneelandschaft

Gestern haben wir Schnee bekommen, und heute in der
Morgenfrühe ging ich hinaus zur sorgsamen und ruhigen Besichtigung der Schneelandschaft. Niedlich, wie
ein artiges Kätzchen, das sich geputzt hat, liegt jetzt
das reiche, liebliche Land da. Jedes Kind, sollte ich meinen, kann die Schönheit einer Schneelandschaft im Herzen verstehen, das feine saubere Weiß ist so leicht verständlich, ist so kindlich. Etwas Engelhaftes liegt jetzt
über der Erde, und eine süße, reizvolle Unschuld liegt
weißlich und grünlich ausgebreitet da. Ich freute mich
über meine Aufgabe, über das Amt, über die angenehme
Pflicht, die mir vorschrieb, sorgfältig und aufmerksam
Notiz vom Schnee und seinen Reizen zu nehmen. Wunderbare Feinheit und Schönheit lag darin, daß das Gras
so artig und mit so zarten Spitzen aus der Schneefläche
herausschaute. Ich ging wieder zu meinem alten unver-
wüstlichen, gütigen Zauberer, zum Wald, und zum Wald
wie im Traum wieder hinaus, und da lag es da, das Kin-
derland in seiner Kinderfarbe. Die Bäumchen und Bäume schienen einen graziösen Tanz auf dem weißen Felde
aufzuführen, und die Häuser hatten weiße Mützen, Kap-
pen, Kopfbedeckungen oder Dächer. Es sah so appetit-
lich, so lockig, so lustig und so lieb aus, ganz wie das zarte, süße Kunstwerk eines geschickten Zuckerbäckers.
Noch ein Morgenlicht leuchtete in einem Fenster, und
ein anmutig Haus stand in einiger Entfernung, das hatte

Fenster wie Augen, welche fröhlich und listig blinzelten. Das Haus war wie ein Gesicht, und die fünf grünen Fenster waren wie seine Augen. Geh doch hin, lieber Leser, noch steht das zauberische Landbild da, mit Schnee auf seinem lieblichen Antlitz. Man darf nur nie zu träge sein und sich vor ein paar hundert Schritten nicht fürchten, zeitig aus dem Faulenzerbett aufstehen, sich auf die Glieder stellen und nur ein wenig hinauswandern, so sieht sich das Auge satt, und das freiheitsbedürftige Herz kann aufatmen. Geh hin zu der artigen Schneelandschaft, welche dich wie mit einem schönen freundschaftlichen Munde anlächelt. Lächle auch du sie an und grüße sie von mir.

Von sieben Tannen und vom Schnee

Thomas Bernhard
Von sieben Tannen und vom Schnee …
Eine märchenhafte Weihnachtsgeschichte

Jedes Jahr am Heiligen Abend machte ich den langen
Weg hinüber nach St. Brigitten, um von einer weißhaari-
gen, gütigen Frau die drei Christkerzen für unseren Weih-
nachtstisch zu holen. »Die ist gegen das Feuer, die gegen
die Not, und die für ein ewiges Leben«, sagte die Alte, wickelte alle drei in einen Leinenlappen und steckte sie in
meinen kleinen Sack, den ich auf dem Rücken trug.
Dann schenkte sie mir einige zuckerbestreute Sichelmon-
de und Sterne, lächelte und verschloss die Tür, während
ich durch den tiefen Schnee nach Hause stapfte …
Das war genau sieben Jahre, nachdem mich die Welt
übernommen hatte.
Eine gute Stunde hatte ich bis nach Henndorf zurückzulegen, das in einem weiten, bis an den See reichenden Ta-
le lag, in dem es so kalt werden konnte, dass sogar die
Eisblumen an den Fenstern erfroren. Nicht lange, nachdem die Sonne hinter den Hügeln verschwunden war,
wanderte schon der Vollmond über die dunklen Fich-
ten. Ab und zu tauchte im flachen Nebel ein Stubenlicht
auf oder es schrie eine Krähe am Rand des zugefrorenen
Teichs. Unter meinen festen Schritten knirschte der kris-
tallene Schnee und im Mondlicht dampfte der Atem. Ich
weitete die Brust und zählte die Sterne, die am Himmel
aufleuchteten, aber schließlich waren es so viele, dass ich
nicht mehr wusste, wo ich zu zählen begonnen hatte,

und wo aufgehört. Auf der weißen Fläche, die sich unendlich an den Horizont dehnte, spiegelten sich Millionen irdischer Sonnen wider, und wurden so zu einem einzigen Licht, das die Welt überstrahlte.

Da mag ich wohl an den Himmel gedacht haben, und an alle, die ihn nicht glauben. Da mag ich sehr glücklich gewesen sein und zufrieden und hingehorcht haben an tausende Dinge, die in mir und um mich waren: die tiefe Nacht!

Und wenn ich zu den Wipfeln empor sah und noch weiter und weiter hinauf, dann wusste ich auch, dass das ewige Leben, von dem die Alte erzählte, die höchste Empfindung im Anblick des Seins ist …

Vor der kleinen Kapelle mit der bemalten Madonna blieb ich stehen. Und weil ich sie immer aufsuchte, wenn ich vorbei kam, schlug ich den Schnee von den Schuhen und stellte mich unter das tiefblaue Gewölbe. Ich faltete die Hände, aber ich betete nicht, denn wenn das Glück und die Offenbarung am nächsten sind, glaubt man nur und erfüllt. – Da standen drei Heilige hinter dem Eisengitter, der eine im goldenen, der andere im gelben und der dritte im braunen Mantel. Alle drei aus jahrhundertealtem Eschenholz. Ihre teils fröhlichen und ernsten Gesichter waren von der Sonne gebleicht. Je mehr ich sie aber betrachtete, umso größer wurden sie. Ihre Hände bewegten sich, ihre Augen leuchteten und dann war es auch, als redeten sie miteinander. Vielleicht öffnete sich auch das Gitter? Aber ein Chor von Hunderten von Engeln sang … langsam ging ich ihnen nach, durch den eisigen Winter, immer tiefer ins Schweigen der Nacht.

Die drei Heiligen führten mich an die Ränder des Waldes, wo der frischgefallene Schnee so tief lag, dass nur die Wipfel der jungen Tannen herausschauten und wo es so ruhig war, dass man nur die Schritte hörte, die große, dunkle Löcher in die weiße Decke drückten. Manchmal bewegte sich einer der herabhängenden Äste, oder fiel Schnee von den Zweigen, als wäre ein Reh in die Lichtung getreten. Hie und da war es, als knisterte ein Stern. Vom Großen Bären fielen tausende Schuppen herab …

»Komm«, sagte der eine Heilige, »wir gehen zu den sieben Tannen, die die Welt bedeuten.«

»Die Welt?«, fragte ich.

»Ja, die ganze …«, meinte der kleinste, von dem ich wusste, dass er Antonius hieß, und der dritte war schon weit voraus.

Meine Schritte machte ich immer leichter, und schließlich schwebte ich wie der Mond über das ganze große Waldstück.

»Da her!«, sagte Andreas, der ein wunderbares Gesicht hatte und tiefleuchtende Augen. Mich wunderte, dass es ihn nicht fror, denn an den Füßen hatte er noch immer die dünnen Sandalen. Aber sein Bart schien ihn wirklich zu wärmen …

Mitten im Schnee, in der Nähe eines kleinen Hügels, standen sieben Tannen. Die erste war die größte, die siebente am allerkleinsten. Sie konnte den Schnee, der ihren Wipfel niederdrückte, kaum ertragen.

»Da sind sie …«, sagte einer von den dreien, »alle sieben. Sie leben sehr zurückgezogen, die Schönheit, die Wahrheit, die Reinheit, die Vernunft, der Glaube, die Hoffnung und ...«

»... und die Liebe«, sagte der kleinste, dem es gar nicht recht war, dass der Mond seinen Kahlkopf beschien.

»Die ist am schlechtesten daran, sie kann nicht nachkommen«, sagten alle drei versonnen und schüttelten die Köpfe. Dann war es ganz still.

»Warum kann sie nicht nachkommen?«, fragte ich nach einer Weile.

»Ja«, überlegten sie, »weil ... weil sie so schwächlich ist ...«

»Man müsste sie pflegen. Es gibt doch Menschen, die mit ihr umzugehen wissen«, meinte ich, recht verwundert.

»Niemand geht so weit heraus, um sich ihrer anzunehmen«, stellten die Heiligen fest. »Sie haben alle keine Zeit ...«

»Keine Zeit?«

»Ja ...«

»Ach«, sagte ich, »dann wird sie vielleicht verkümmern ...«

Ich rüttelte sie von allen Seiten so fest, dass der ganze Schnee von ihren schwachen Ästen fiel – und da war es mir auch, als atmete sie tief.

Die Wahrheit neigte sich vor. Die Hoffnung aber, die fast so klein war wie die Liebe, wurde in diesem Augenblick vom Mond erleuchtet, so dass man glauben hätte können, sie wäre aus lauter Gold.

Alles war so wunderschön.

Die drei Heiligen aber standen da, und wussten keinen

Rat. Alle vier sanken wir immer tiefer in den Schnee, und der Älteste holte ab und zu einen Stern vom Himmel, ohne dass sie weniger geworden wären, um seine Hände zu wärmen. Und endlich rief ich ganz begeistert: »Dann will ich sie pflegen! Ich ...«

Eine schwere Hand war auf meine Schulter gefallen. – Der Vater stand hinter mir.

»Was treibst du so lange?«, fragte er streng und sein Atem war warm und stieg wie Flaum in die Nachtluft. Nachdenklich ging ich mit ihm den schmalen Weg hinunter.

»Ist dir kalt?«, fragte er.

»Nein ...«

»Und wen willst du pflegen?«

»Die Liebe, Vater ... die Hoffnung und die Liebe ...«, flüsterte ich, und war von allen der Glücklichste.

Karl Krolow
Eine Weihnachtserinnerung,
die ich nicht vergaß

Denke ich an Weihnachten in den Jahren meiner Kindheit, so verbinde ich solche Erinnerung mit der Erinnerung an Landschaft. Fast immer haben Augenblicke in mich umgebender niederdeutscher Landschaft die Weihnachtszeit mit beeinflußt. Meine Eltern, besonders mein Vater, erzogen mich früh zu derartigem natürlichen Verhältnis in meiner keineswegs ländlichen Umwelt, denn ich wuchs am Rande einer Großstadt auf. Das unregelmäßige und eigentlich unschöne Terrain, das begann, wo die letzten Neubauten aufhörten und sich saure Wiesen hinzogen, Gärtnereien und die Anwesen einiger Gemüsebauern, Schrebergärtensiedlungen, ehe das erste Waldstück sichtbar wurde, ehe der wichtige Wald meiner jungen Jahre, der hannoversche Stadtwald, die Eilenriede, begann. Diese Eilenriede, die sich halbkreisförmig um die Stadt zog, war damals noch ein richtiger Forst oder gab mir doch als Buben diese Illusion, wenn man vom Felde her auf sie zukam. Dann war das Wald-Massiv, die Mischwald-Fläche – besonders bei unsichtigem Wetter – etwas mich mächtig Anziehendes, eine dunkle Wildnis.
Ich kannte den Wald zu jeder Jahreszeit. Im Grunde war die Entfernung zwischen meinem Elternhaus und ihm gering, vielleicht zwanzig Minuten weit, und nur die dazwischen liegenden, verstreuten Gehöfte, das von Geometern bereits abgemessene Gebiet zwischen ausfallender und

dann jäh im Feldstück endender städtischer Straße, zwischen dem Ende der Wohnstraße und dem eigentlichen Wiesengrün und Ackerbraun, unterbrach die Vorstellung, daß der Wald eigentlich recht schnell erreichbar sein müsse. Das beiläufige und durch die Witterung so oft trist verhängte Übergangsgebiet, in dem ich mich bewegte und in dem ich mich rasch auskannte als einem idealen Spielgelände, machte den großen Flächenwald dann für mich um so begehrenswerter, in dessen Randbezirken wir Kinder unsere persönlichen Verstecke anlegten, die wir nie verrieten und schon gar nicht mit jemandem teilen würden. Zufluchten im dichten, grünen Unterholz, in das wir uns mit unserer Phantasie zurückzogen.

Im Eilenriedewald floß in seinem Südteil, entlang der nach Hildesheim führenden Bahnlinie, ein Rinnsal, ein verkrauteter Wassergraben, der an einer bestimmten Stelle seines Verlaufes unter einer Waldchaussee weitergeführt wurde. Der massiv gemauerte Eingang zu dieser Unterführung, bogenartig angelegt, glich dem Eingang zu einer Art Wald-Unterwelt, zu einem grünen, dichten Hades. Wie hier das träge Wasser verschwand, um erst sehr viel später an einer von hier aus nicht einzusehenden Stelle wieder ans Licht zu treten, das war für uns Kinder immer mit einem Gefühl der Ungewißheit, des Bangens, der Beklemmung und der Neugier betrachtet worden. Im Winter fror die winzige Wasserfläche vor der Unterführung schnell zu. Man konnte auf ihr dann ein paar Schritte tun, wagte sich allerdings niemals fort ins Dunkle der unterirdischen Weiterführung.

Ich muß noch ein sehr kleiner Junge gewesen sein, als mir

mein Vater in der Vorweihnachtszeit, als wir wieder einmal gemeinsam diesen Ort passierten, vom Eingang zur unterirdischen Grabenweiterführung als vom Eingang zur Höhle des Knechtes Ruprecht zu erzählen begann, sicherlich ganz beiläufig, wie es seine Art war und wie man einem Buben meines damaligen Alters vielleicht Landschaft spannend, abenteuerlich machen kann. Ruprechts Bereich, das mir der Vater als ein Schatzversteck mit allen den Gaben, die er zu Weihnachten dann den Kindern unter den Christbaum legen würde, zu schildern verstanden hatte, ließ mich zunächst vermutlich nichts als nachdenklich werden. Dieser Höhleneingang – gerade an solcher Stelle – schien mir unbedingt glaubwürdig. Man mußte sich hier unterirdisch wunderbar verstecken können, um dann im tiefen Höhleninneren ein ganzes Schatzlager anzulegen. Auf dieses Lager aber hatte ich es abgesehen. Die Vorstellung von den verborgenen Sachen ließ mich ganz offenbar nicht los. Weihnachten, das in jedem Jahr ungeduldig erwartete Fest, rückte näher mit dem unberechenbaren Dezember, unberechenbar mit dem Auf und Ab der niederdeutschen Witterung, die zwischen nassem, flüchtigem Schnee und Nebel- oder Regenwetter schwankte, bei ständig gehendem Wind, der aus der Ebene fegte und nirgends Widerstand fand.

Plötzlich gab es einen frühen Wintereinfall mit Frost und lange niedergehendem Schnee, einige Tage vor dem Fest. Die Schnee-Einsamkeit des Eilenriedewaldes, durch die mich mein Vater nun mit dem Schlitten zog, war überwältigend. Ein richtiger Märchenwald war entstanden, in dem der Schnee von den Ästen in die Augen stäubte, nachdem es sich endlich ausgeschneit hatte und alles in seiner weißen Pracht dalag. Wir kamen sicherlich auch an jenen Waldfleck, wo Ruprechts Höhle lag. Ich erinnere mich dessen nicht mehr genau. Genau dagegen weiß ich, daß es für mich – ausgerechnet am Vormittag des Heiligen Abends – kein Halten mehr gab. Meine Erwartungen waren wie meine Ungeduld auf das höchste gespannt. Ich hatte Ruprechts Höhle nicht vergessen können, die jetzt sicherlich, mit dem vereisten Wasserloch davor, halb zugeschneit war, die vor allem auch für ein gewöhnliches Menschenkind, für mich, erreichbar, passierbar sein mußte, nachdem das Grabenwasser wohl bis auf den Grund gefroren war. Auf einmal war ich auf dem Wege zu Ruprechts Reich, mit dem Schlitten, den ich hinter mir her zog, in einem günstigen Augenblick Haus, Straße und Spielgefährten verlassend. Die Neugier, das Abenteuer, meine Phantasie hatten mich überwältigt. An diesem kalten Wintervormittag, der schon fast Mittag war, war ich unversehens unterwegs, allein, wie es sich gehört, denn ich wollte das Geheimnis für mich allein haben. Ich wollte niemanden dabeihaben, bei meiner Entdeckung. Ich war unerschrocken genug, nach all dem, was ich mir erhoffte, um das Wagnis allein auf mich zu nehmen. Ich weiß die Einzelheiten dieses Hinweges, des Hingezogenwerdens nicht mehr. Auf einmal fand ich mich jedenfalls an jener Waldstelle mit vereistem Krautgraben und an dieser Stelle merkwürdig dünner Schneedecke.

Hier angekommen, muß sich bei mir einiges verändert

haben. Das Zeitgefühl muß ausgesetzt haben. Habe ich gezögert? – Habe ich – mit dem im Gebüsch schließlich abgestellten Schlitten – den Höhleneingang, nun doch vielleicht furchtsam geworden, immer langsamer und doch zugleich immer geduldiger, erwartungsvoller umkreist und eingekreist? Bin ich dabei allmählich ermüdet, ohne es zunächst zu merken, ohne es danach wahrhaben zu wollen? Meine Eltern haben mir später zuweilen erzählt, wie der Heilige Abend oder doch die Stunden vor diesem Abend verliefen: in quälender Unruhe, in Sorge um meinen Verbleib. Mein Verschwinden war bald bemerkt worden. Und als ich noch nicht heimgekommen war, als mein Vater vom Dienst und einem anschließenden Zusammensein mit Kollegen nach Hause zurückkehrte, war die Aufregung groß. Etwas mußte geschehen. Die Zeit verstrich. Niemand wußte genau, wie lange ich fort war, weil ich – wie gesagt – mich unbeobachtet fortgestohlen hatte. Die Eltern überlegten ratlos, wohin ich mich gewendet haben könnte. Sie fragten die Spielkameraden aus. Niemand konnte Auskunft geben. Ich hatte niemanden eingeweiht, weil ich niemanden hatte bei mir haben wollen. Ich wollte allein das Abenteuer meiner Erwartungen, meiner kindlichen Weihnachtsneugier bestehen und hatte es inzwischen bekommen: Abenteuer des Alleinseins im eiskalten, einsamen Winterwald, bei allmählich, dann immer rascher sinkendem Tageslicht.

Was von diesen Heiligabend-Stunden im verschneiten Wald vor der Weihnachts-Höhle des Knecht Ruprecht sich in meinem Gedächtnis erhalten hat, sind verwischte Kleinigkeiten: die Erinnerung an eine knisternde

Schneestille, an vom Wind seufzendes Geäst, an eine kalte, von mir, meinen Gliedern, meinem Körpergefühl langsam Besitz ergreifende Einsamkeit, ein Abgeschnittensein, ein Leben in einem Zwischenbereich, mit aufkommender, dann wieder niedergekämpfter Angst, von Isolation und Fortsein von allem, von Mutlosigkeit, von einer merkwürdigen Verlorenheit und einem ebenso merkwürdigen Entzücken, während es um mich zu dämmern begann. Ich blieb gebannt. Ich konnte den verlorenen Waldort nicht aufgeben. Ich war unschlüssig. Ich wußte nicht weiter, vermutlich. Ich hatte das Wagnis nicht bestanden, war nicht in die Höhle eingedrungen, sondern hatte sie immer nur angestarrt, hatte vor ihr und ihrem Dunkel haltgemacht und hatte vergessen, was vorher war und was nachher kam.

Auf einmal sah ich mich in meiner Verlassenheit meinem Vater gegenüber. Er hatte sich mit einem Freund auf die Suche gemacht, hatte sich daran erinnert, was er mir von Knecht Ruprechts Versteck verheißen hatte, und hatte dann schnell geahnt, daß ich nur in oder vor ihm aufzufinden sein müßte. Die beiden jungen Männer waren verlegen und froh, als sie mich sahen. Mein Vater hatte mich richtig eingeschätzt. Er hatte nicht die Polizei verständigen müssen. Und nun mußte er mich aus einem Traum hochreißen, den ich nur halb und ganz unvollkommen zu träumen begonnen hatte, an diesem Tage, den man den Heiligen Abend nennt: ein Traum, auf den ich später nicht habe zurückkommen brauchen. Ein Traum, auf den man niemals zurückkommen wird, weil er nicht wiederholbar ist.

Dylan Thomas
Weihnachten in meiner Kindheit

In jenen Jahren in dem Winkel der Stadt am Meer dort, bar aller Geräusche bis auf das ferne Sprechen der Stimmen, die ich zuweilen kurz vorm Einschlafen höre, glich ein Weihnachten so sehr allen anderen, dass ich nie weiß, ob es sechs Tage und sechs Nächte lang schneite, als ich zwölf war, oder zwölf Tage und zwölf Nächte, als ich sechs war.

Alle Weihnachten laufen zu dem zweizüngigen Meer hin, gleich einem kalten Mond, der den Himmel, der unsere Straße war, holterdiepolter hinabpurzelt, und sie halten inne am Rand der eisgesäumten, fischkalten Wellen, und ich stecke die Hände in den Schnee und ziehe raus, was ich drin finde.

Hinein fährt die Hand in das wollweiße, glockenklöppelige Knäuel der Feiertage, das am Rand des liedersingenden Meeres ruht, und heraus kommen Mrs Prothero und die Feuerwehrleute.

Es war am Nachmittag von Heiligabend, und ich war in Mrs Protheros Garten und wartete mit ihrem Sohn Jim auf Katzen. Es schneite. An Weihnachten schneite es immer. In meiner Erinnerung ist der Dezember weiß wie Lappland, nur dass es keine Rentiere gab. Dafür aber Katzen.

Geduldig, kühl und herzlos, die Hände in Socken, warteten wir darauf, die Katzen mit Schneebällen zu bewerfen. Schlank und lang wie Jaguare mit grausigen Barthaaren, fauchend und knurrend, würden sie über die weißen Gartenmauern schleichen und gleiten, und die luchsäugigen Jäger, Jim und ich, Trapper von der Hudson Bay mit Pelzmützen und Mokassins abseits der Mumbles Road, würden unsere tödlichen Schneebälle nach dem Grün ihrer Augen schleudern.

Die klugen Katzen aber erschienen nie.

So leise waren wir, eskimofüßige arktische Schützen in dem dämpfenden Schweigen des ewigen Schnees – ewig seit Mittwoch –, dass wir Mrs Protheros ersten Ruf aus ihrem Iglu am Ende des Gartens gar nicht hörten. Oder wenn doch, dann war er für uns wie der ferne Werdaruf unserer Feindin und Beute, der benachbarten Eiskatze.

Doch bald schon wurde die Stimme lauter.

»Feuer!«, schrie Mrs Prothero und schlug den Essensgong.

Und da rannten wir durch den Garten, die Schneebälle auf den Armen, zum Haus, und tatsächlich, da quoll Rauch aus dem Esszimmer, und der Gong dröhnte, und Mrs Prothero verkündete Zerstörung wie ein Ausrufer in Pompeji.

Das war besser, als wenn sämtliche Katzen von Wales hintereinander auf der Mauer standen. Schneeballbeladen stürmten wir ins Haus und hielten vor der offenen Tür des verqualmten Raums.

Doch, da brannte etwas; vielleicht war es ja Mr Prothero, der dort immer nach dem Mittagsmahl schlief, eine Zeitung überm Gesicht. Doch er stand mitten im Zimmer, sagte: »Frohe Weihnachten!«, und haute mit einem Pantoffel nach dem Rauch.

»Ruft die Feuerwehr!«, rief Mrs Prothero, den Gong schlagend.

»Die wird nicht kommen«, sagte Mr Prothero, »ist doch Weihnachten.«

Ein Feuer war nicht zu sehen, nur Rauchwolken und Mr Prothero, der mittendrin stand und wie ein Dirigent mit dem Pantoffel fuchtelte.

»Tut doch was«, sagte er.

Und da warfen wir alle unsere Schneebälle in den Rauch – Mr Prothero haben wir, glaube ich, verfehlt – und liefen aus dem Haus zur Telefonzelle.

»Rufen wir auch noch die Polizei«, sagte Jim.

»Und den Krankenwagen.«

»Und Ernie Jenkins, der mag's, wenn's brennt.«

Aber wir riefen bloß die Feuerwehr, und bald kam das Feuerwehrauto auch, und drei lange Männer mit Helm zerrten einen Schlauch ins Haus, und Mr Prothero kam gerade noch rechtzeitig heraus, bevor sie ihn aufdrehten.

Heiligabend hätte nicht lärmiger sein können. Und als die Feuerwehrmänner den Schlauch abstellten und in dem nassen, verrauchten Raum standen, kam Jims Tante, Miss Prothero, die Treppe herunter und lugte zu ihnen herein.

Jim und ich warteten ganz still darauf, was sie wohl zu ihnen sagte. Sie sagte nämlich immer das Richtige. Sie betrachtete die drei langen Feuerwehrmänner mit ihren schimmernden Helmen, die inmitten von Rauch, Asche und zerfließenden Schneebällen standen, und sagte: »Hätten Sie gern etwas zu lesen?«

Vor vielen Jahren, als ich ein Junge war, als es in Wales noch Wölfe gab und Vögel von der Farbe roter Flanellunterröcke die harfenförmigen Hügel entlangsausten, als wir nachts wie tags singend durch Höhlen stromerten, in denen es wie sonntagnachmittags in klammen Bauernhofstuben roch, und wir, Kinnladen wie Diakone, die Engländer und die Bären jagten, noch vor dem Motorwagen, vor dem Rad, vor dem Pferd mit dem Herzoginnengesicht, als wir sattellos über die dussligen und heiteren Hügel ritten, da schneite und schneite es.

Hier nun sagt ein kleiner Junge: »Letztes Jahr hat's aber auch geschneit. Ich hab einen Schneemann gebaut, den hat dann mein Bruder umgestoßen und ich meinen Bruder, und danach gab's Abendessen.«

»Aber das war nicht der gleiche Schnee«, sage ich. »Unser Schnee wurde nicht nur aus weißen Waschzubern vom Himmel geschüttelt, er kam auch aus der Erde gewallt und schwamm und wehte aus den Armen, Händen und Leibern der Bäume; Schnee wuchs über Nacht auf den Hausdächern wie reines Großvatermoos, bedeckte die Mauern aufs Feinste wie Efeu und legte sich auf den Postboten, öffnete das Tor wie ein stummes, taubes Gewitter weißer Weihnachtskartenfitzel.«

»Gab's auch damals schon Postboten?«

»Mit Triefaugen und Windkirschennase, auf gespreizten, eisigen Füßen sind sie zu den Türen geknirscht und haben mannhaft dagegengefäustelt. Die Kinder aber haben nichts als Glockenläuten gehört.«

»Du meinst, der Postbote hat Rappel-di-rappel gemacht und die Türen haben geläutet?«

»Ich meine, die Glocken, die die Kinder gehört haben, waren in ihnen drin.«

»Ich hör manchmal bloß Donner, aber nie Glocken.«

»Kirchenglocken hat's auch gegeben.«

»In ihnen drin?«

»Nein, nein, nein, in den rabenschwarzen, schneeweißen Glockenstuben, gezogen von Bischöfen und Störchen. Und sie läuteten ihre Botschaft über die bandagierte Stadt, über die gefrorene Gischt der Pulver- und Eiskremhügel, über das knackende Meer. Es war, als dröhnten alle Kirchen vor Freude unter meinem Fenster und als krähten die Wetterhähne zu Weihnachten auf unserem Zaun.«

»Bleib bei den Postboten.«

»Das waren einfach normale Postboten, die mochten das Laufen, die Hunde, Weihnachten und den Schnee. Die haben mit blauen Knöcheln an die Türen geklopft …«

»Unsere hat einen schwarzen Klopfer …«

»Und dann haben sie unter den kleinen zugewehten Vordächern auf der weißen Fußmatte gestanden und geschnauft und gejapst, mit ihrem Atem Gespenster gemacht und von einem Fuß auf den anderen gestampft wie kleine Jungs, die mal müssen.«

»Und dann die Geschenke?«

»Und dann die Geschenke, aber erst nach seinem Obolus. Und der frierende Postbote, eine Rose auf der Knubbelnase, prickelte die teetablettrutschige Bahn des frostig schimmernden Hügels runter. Ist in seinen eisbepackten Stiefeln wie auf Fischhändlerplatten gelaufen. Hat seine Tasche wie einen eingefrorenen Kamelhöcker geschlenkert, ist duselig auf einem Fuß um die Ecke gebogen und war bei Gott weg.«

»Bleib bei den Geschenken.«

»Es gab die Nützlichen Geschenke: mummelnde Schals aus der alten Kutschenzeit und Fäustlinge wie für Riesenfaultiere; Zebratücher aus einem Zeug wie seidiger Kaugummi, die sich bis runter zu den Galoschen tauziehen ließen; blendende Schottenmützen wie Flickenteewärmer und häschenartige Fell- und Sturmhauben für die Opfer kopfschrumpfender Stämme; von Tanten, die immer nur Wolle auf der Haut trugen, gab's schnurrbärtige, schmirgelnde Leibchen, bei denen man sich fragte, warum die Tanten überhaupt noch Haut hatten; und einmal hab ich von einer Tante, die leider nicht mehr unter uns wieherte, einen kleinen gehäkelten Futtersack bekommen. Und bilderlose Bücher, in denen kleine Jungs, obwohl mit Sprüchen davor gewarnt, auf dem Teich von Bauer Giles Schlittschuh liefen und dann ertranken; und Bücher, die mir alles über die Wespe erzählten, bloß nicht, warum.«

»Weiter mit den Nutzlosen Geschenken.«

»Tüten mit feuchten, bunten Geleebonbons und eine gefaltete Fahne und eine falsche Nase und eine Tramschaffnermütze, dazu einen Apparat, der Fahrkarten lochte und klingelte; nie eine Schleuder; einmal aus Versehen, was niemand erklären konnte, eine kleine Axt; und eine Zelluloidente, die, wenn man sie drückte, ein ganz unentiges Geräusch machte, ein miauendes Muh wie vielleicht von einer ehrgeizigen Katze, die gern eine Kuh wäre; und ein Malbuch, in dem ich das Gras, die Bäume, das Meer und die Tiere mit jeder Farbe ausmalen konnte, die mir gefiel, und noch heute grasen die knallhimmelblauen Schafe auf dem roten Feld unter den erbsengrünen Vögeln mit ihren Regenbogenschnäbeln.

Drops, harte und weiche Karamellbonbons, Lakritze, Knusperl, Kekse, Pfefferminzbonbons, Eiskonfekt, Marzipan und Butterwelsh für die Waliser. Und Truppen schimmernder Zinnsoldaten, die zwar nicht kämpfen, aber immer weglaufen konnten. Und Schlangen-und-Familien- und Fröhliche Leiter-Spiele. Und einfache Hobby-Spiele für den kleinen Ingenieur samt Anleitung.

Ach, für Leonardo so einfach! Und eine Pfeife, bei der die Hunde bellten, wovon der alte Mann nebenan aufwachte und mit seinem Stock gegen die Wand schlug, wovon unser Bild von der Wand polterte.

Und eine Schachtel Zigaretten: Man steckte sich eine in den Mund und stellte sich an die Straßenecke und wartete stundenlang vergebens darauf, dass eine alte Frau einen schalt, weil man eine Zigarette rauchte, und sie dann grinsend aß. Und dann gab's Frühstück unter den Luftballons.«

»Gab's auch Onkel wie bei uns?«

»An Weihnachten sind immer Onkel da.

Immer dieselben. Und am Weihnachtsmorgen hab ich mit hundeschreckender Pfeife und Zuckerkippen die bedeckte Stadt nach den Neuigkeiten der kleinen Welt abgesucht und beim Postamt oder bei der weißen verlassenen Schaukel immer einen toten Vogel gefunden; vielleicht ein Rotkehlchen, seine Feuer alle bis auf eines aus. Männer und Frauen wateten oder stapften mit Wirtshausnasen und windgezausten Wangen von der Kirche zurück, allesamt Albinos, die schwarz-steifen knarrenden Federn gegen den pietätlosen Schnee gekauert.

In allen guten Stuben hingen an den Gasleuchtern Misteln; neben den Dessertlöffeln gab's Sherry und Walnüsse und Flaschenbier und Kräcker; und Katzen, fellumhüllt, betrachteten das Feuer; und das hochgeschichtete Feuer spuckte, bereit für die Kastanien und den Schürhaken für den Glühwein.

Ein paar füllige Männer saßen ohne Kragen in den Salons, fast sicher Onkel, probierten ihre neuen Zigarren, hielten sie prüfend auf Armeslänge von sich, führten sie wieder zum Mund, husteten, hielten sie wieder von sich, als warteten sie auf die Explosion; und ein paar kleine Tanten, in der Küche nicht gebraucht und auch nirgendwo sonst, saßen ganz vorn auf der Stuhlkante, aufrecht und spröde, voller Angst zu zerbrechen, wie verblichene Tassen und Untertassen.«

Nicht viele waren an jenen Vormittagen auf den aufgetürmten Straßen: Immer aber machte ein alter Mann mit beigefarbener Melone, gelben Handschuhen und um diese Jahreszeit Schneegamaschen seinen Verdauungsspaziergang zum weißen Bowlinggrün und wieder zurück, machte ihn stets, ob nass oder Feuer am Weihnachts- oder am Jüngsten Tag; manchmal stapften zwei kräftige junge Männer mit großen lodernden Pfeifen, ohne Mantel und windgezausten Schal, wortlos hinab zum verlassenen Meer, um sich Appetit zu holen, um die Dünste zu lüften, wer weiß, um in die Wellen zu laufen, bis nichts mehr von ihnen blieb, nur noch die zwei

kräuselnden Rauchwolken aus ihren unlöschbaren Bru-
yère-Pfeifen.

Dann schlamperte ich nach Hause, der Soßenduft von
anderer Leute Essen, der Vogelduft, der Duft von Brandy,
Pudding und Minze, sie ringelten sich mir in die Nase,
als aus einer schneeverstopften Seitengasse ein Junge
kam, mein Ebenbild, Zigarette mit rosa Filter und die
Veilchenvergangenheit eines blauen Auges, dreist wie
ein Dompfaff, boshaft vor sich hin grinsend.

Sein Anblick und Gehabe waren mir zuwider, und schon
wollte ich meine Hundepfeife an die Lippen führen und
ihn von Weihnachten wegblasen, als er ganz plötzlich
mit einem Veilchenzwinkern die seine an die Lippen
führte und so schrill pfiff, so hoch, so ungeheuer laut,
dass mampfende Gesichter, die Backen gansgebläht, sich
an Girlandenfenster drückten, die ganze weiß hallende
Straße entlang.

Zu Mittag gab's Truthahn und brennenden Pudding, und
nach dem Essen saßen die Onkel am Kamin, alle Knöp-
fe gelöst, die großen feuchten Hände über den Uhrket-
ten, stöhnten ein wenig und schliefen.

Mütter, Tanten und Schwestern flitzten hin und her, mit
Terrinen. Tante Bessie, schon zweimal von einer Aufzieh-
maus erschreckt, trank an der Anrichte wimmernd Ho-
lunderwein. Dem Hund war übel. Tante Dosie brauchte
drei Aspirin, Tante Hannah aber, die Portwein mochte,
stand mitten in dem zugeschneiten Garten und sang
wie eine großbusige Drossel.

Ich blies Luftballons auf, um zu sehen, wie dick sie sich
aufblasen ließen, und als sie platzten, was sie alle taten,

schreckten die Onkel knurrend hoch. In dem dichten, schweren Nachmittag, die Onkel schnauften wie Delphine, der Schnee fiel herab, saß ich zwischen Girlanden und Lampions, knabberte Datteln, versuchte mich an einem Modellkriegsschiff, wobei ich der Anleitung für kleine Ingenieure folgte, und baute etwas, was man mit einem seetüchtigen Straßenbahnwagen verwechseln konnte.

Oder ich ging, meine strahlend neuen Stiefel quatschten, in die weiße Welt hinaus zum seewärtigen Hügel, um Jim, Dan und Jack zu besuchen und durch die stillen Straßen zu trotten, wobei ich auf dem verborgenen Pflaster riesige Abdrücke hinterließ.

»Bestimmt denken die Leute, dass das Nilpferde waren.«

»Was würdest du tun, wenn du auf unserer Straße ein Nilpferd kommen sähst?«

»Dann würde ich so machen, zack! Ich würd's übers Geländer schmeißen und den Hügel runterrollen, und dann würde ich's hinterm Ohr kitzeln, und da würd's mit dem Schwanz wedeln.«

»Und wenn's zwei Nilpferde wären?«

Eisenbeflankt und brüllend stampften Nilpferde scheppernd durch den jagenden Schnee auf uns zu, als wir an Mr Daniels Haus vorbeigingen.

»Stecken wir Mr Daniel einen Schneeball in den Briefkasten.«

»Schreiben wir was in den Schnee.«

»Schreiben wir ›Mr Daniel sieht aus wie ein Spaniel‹ auf seinen Rasen.«

Oder wir liefen am weißen Strand entlang.

»Sehen die Fische, dass es schneit?«

Der stumme Einwolkenhimmel trieb aufs Meer. Jetzt waren wir schneeblinde, auf den Nordhügeln verschollene Reisende, und riesige Hunde, Fässchen unterm Doppelkinn, liefen und tollten zu uns her und bellten »Excelsior«. Wir kehrten zurück nach Hause durch die armen Straßen, wo nur ein paar Kinder mit bloßen roten Fingern in dem radzerfurchten Schnee wühlten und uns hinterherpfiffen. Ihre Stimmen verwehten, als wir bergan stapften, hinein in die Schreie der Kaivögel und das Tuten von Schiffen in der wirbelnden Bucht.

Und dann, beim Tee, wurden die wiederhergestellten Onkel lustig, und der Eiskuchen ragte von der Tischmitte auf wie ein Marmorgrab. Tante Hannah tat einen Schuss Rum in ihren Tee, war ja bloß einmal im Jahr.

Her mit den Fabeln, die wir am Feuer erzählten, während das Gaslicht wie ein Taucher blubberte. Gespenster huhten wie Eulen in den langen Nächten, da ich keinen Blick über die Schulter wagte; Tiere lauerten in dem Kabuff unter der Treppe, wo der Gaszähler tickte.

Und ich weiß noch, wie wir einmal Weihnachtslieder singen gingen, als nicht mal ein Span Mond die fliehenden Straßen erhellte. Am Ende einer langen Straße war die Zufahrt zu einem großen Haus, und in jener Nacht stolperten wir durch das Dunkel der Zufahrt, ein jeder von uns voller Angst, ein jeder einen Stein in der Hand, nur für den Fall, und wir alle zu tapfer, um auch nur ein Wort zu sagen.

Der Wind in den Bäumen machte Geräusche wie von alten und unangenehmen und vielleicht schwimmfüßigen Männern, die in Höhlen ächzten. Wir erreichten die schwarze Masse des Hauses.

»Was sollen wir denen bringen? ›Hark the Herald‹?«

»Nein«, sagte Jack. »›Good King Wenceslas‹. Ich zähl bis drei.«

Eins, zwei, drei, und dann sangen wir los, die Stimmen hoch und scheinbar fern in dem schneefilzigen Dunkel um das Haus herum, in dem niemand uns Bekanntes wohnte. Wir standen eng beieinander, nahe der dunklen Tür.

Good King Wenceslas looked out
On the Feast of Stephen …

Und dann fiel eine kleine, trockene Stimme wie von einem, der lange nicht mehr gesprochen hat, in unseren Gesang mit ein: eine kleine, trockene, eierschalendünne Stimme von der anderen Seite der Tür: eine kleine, trockene Stimme durchs Schlüsselloch. Und als wir dann nicht mehr rannten, waren wir vor unserem Haus; die gute Stube war schön; Luftballons trieben unter dem wärmflaschengluckernden Gas; alles war wieder gut und strahlte über die Stadt.

»Vielleicht war's ein Gespenst«, sagte Jim.

»Vielleicht waren's Trolle«, sagte Dan, der ständig las.

»Gehen wir rein, vielleicht ist ja noch Wackelpudding übrig«, sagte Jack.

Und das taten wir dann.

Am Weihnachtsabend war immer Musik. Ein Onkel spielte die Fiedel, ein Vetter sang »Cherry Ripe«, ein anderer Onkel »Drake's Drum«. Es war sehr warm in dem kleinen Haus.

Tante Hannah, die jetzt beim Pastinakenwein war, sang ein Lied über blutende Herzen und Tod und dann eines, in dem sie sagte, ihr Herz sei wie ein Vogelnest; und da lachten alle wieder; und dann ging ich zu Bett.

Beim Blick aus meinem Fenster aufs Mondlicht und den endlosen rauchfarbenen Schnee sah ich die Lichter in den Fenstern aller anderen Häuser auf unserem Hügel und hörte deren Musik in die lange, stetig einbrechende Nacht aufsteigen. Ich drehte das Gas herunter, ich legte mich ins Bett. Ich sagte zu dem nahen, dem heiligen Dunkel ein paar Worte, dann schlief ich ein.

Timo Parvela

Wie nennt man den Sohn des Weihnachtsmanns?

»Wie nennt man den Sohn des Weihnachtsmanns?«, fragte Hanna.

»Wichtel?«, schlug ich vor.

Wir schauten den Lehrer an. Der Lehrer war viel zu groß für einen Wichtel. Von der Größe her hätte er höchstens ein Elf sein können. Wir wussten nur alle, dass Elfen schön sind. Wir hatten schließlich den »Herrn der Ringe« gesehen.

»Wahrscheinlich nennt man den Sohn des Weihnachtsmanns ganz einfach Weihnachtsmann junior«, vermutete Timo.

So musste es sein, beschlossen wir. Schließlich ist Timo unser Klassengenie. Außerdem fanden wir es toll, dass unser Lehrer der Sohn des Weihnachtsmanns war.

Dann mussten wir die Schneeanzüge anziehen, die uns die Wichtel mitgebracht hatten, und in die kleinen Anhänger steigen.

»Ich hab's gewusst«, sagte Mika. »Immer krieg ich was zum Anziehen vom Weihnachtsmann. Immer nur so blöde weiche Päckchen. Letztes Mal hab ich mir schon ein Snowboard gewünscht.«

Zu allem Unglück war sein Anzug auch noch so groß, dass die Ärmel fast doppelt so lang waren wie seine Arme.

Der Weg zum Haus des Weihnachtsmanns war nicht weit, aber wunderschön. Der Schnee wirbelte hinter den Schlitten auf und glitzerte wie Sternenstaub. Alles war unfassbar weiß und sauber. Der Himmel war strahlend blau, und wir mussten jedes Mal lachen, wenn die Schlitten über einen Schneehügel hüpften.

Vor dem Haus des Weihnachtsmanns hing ein buntes Schild, darauf stand: *Mattis Klein-Lappland.* Es war ein großes, rot gestrichenes Haus, und ein Stück entfernt standen Blockhütten am Ufer eines zugefrorenen Sees. Am gegenüberliegenden Seeufer konnte man ein kleines Dorf erkennen.

»Ich dachte, der Weihnachtsmann wohnt am Korvatunturi*«, wunderte sich Hanna.

»An Weihnachten wohnt er dort«, wusste Timo. »Das hier ist wahrscheinlich sein Sommerferienhaus.«

»Und die Blockhütten?«, fragte Mika.

»Hat er bauen lassen, weil seine Wichtel auch mal Sommerferien brauchen«, antwortete Timo.

»Aber jetzt ist noch kein Sommer«, sagte ich.

»Der Weihnachtsmann hat 364 Tage im Jahr Sommerferien«, erklärte Timo.

»Wenn wir hier also nicht am Korvatunturi sind, wie heißt der Ort dann?«, fragte ich.

---

* Korvatunturi heißt übersetzt Ohrenfjäll. Es ist ein Fjäll – also ein Berg – in Lappland, und der Weihnachtsmann soll wirklich dort wohnen.

Timo zeigte auf ein kleines Schild neben dem Briefkasten. Darauf stand: *Nenäjärvi**.

»Und wer soll Matti sein?«, fragte Tiina.

»Das ist der Deckname des Weihnachtsmanns. Überlegt doch mal, was passieren würde, wenn alle Kinder wüssten, dass der Weihnachtsmann in seinen Ferien hier am Nenäjärvi wohnt. Alle Kinder, die zufällig in die Gegend kämen, würden ihn doch garantiert um Geschenke außer der Reihe bitten«, erklärte Timo.

Wir nickten. Bestimmt hatte Timo recht. Timo hat so gut wie immer recht. Je mehr wir darüber nachdachten, desto sicherer waren wir uns: Wenn *wir* wüssten, wo der Weihnachtsmann seine Ferien verbringt, und wir kämen zufällig in die Nähe – klar würden wir ihn dann auch um Weihnachtsgeschenke außer der Reihe bitten. Wir würden ihm unsere Wunschliste vorbeibringen und ihn bitten, uns die Geschenke schon ein bisschen früher zu bringen. Vielleicht sogar schon im Mai … Natürlich nur, wenn wir wirklich rein zufällig aus irgendeinem Grund in seine Nähe kämen. Zum Beispiel mit unserem Lehrer, der sich als Weihnachtsmann junior herausstellte, den der Weihnachtsmann mit seiner ganzen Klasse in sein Feriendorf holte …

Pekka schaffte es, sich als Erster anzustellen. Wir anderen stellten uns in einer Schlange hinter ihn. Der Weihnachtsmann sah uns freundlich an und tätschelte Pekkas Kopf.

---

* Nenäjärvi heißt übersetzt Nasensee. Ohrenfjäll und Nasensee, das passt natürlich gut.

»Spricht der Weihnachtsmann eigentlich Finnisch?«, fragte Pekka über die Schulter nach hinten.

»Wie?«, sagte der Weihnachtsmann.

»Er will wissen, ob Sie Finnisch sprechen«, sagte Timo.

»Ich denke schon«, sagte der Weihnachtsmann auf Finnisch, aber er sah ein bisschen verwundert aus. »Ich kann es immer noch nicht glauben, dass du hier bist«, sagte er dann zu seinem Sohn, der gleichzeitig unser Lehrer war.

»Ich auch nicht«, sagte der Lehrer.

»Wir müssen den Kindern noch warme Unterwäsche und dicke Socken besorgen«, beschloss der Weihnachtsmann. »Auch Schals, Handschuhe und Schneestiefel.«

»Ich hab's gewusst«, schluchzte Mika. »Wieder nur weiche Päckchen.«

»Ich hätte lieber einen eigenen Motorschlitten«, sagte Pekka.

»Und ich eine neue Barbie. Die vom letzten Jahr hat keinen Kopf mehr«, sagte Hanna.

»Ich wünsche mir einen CD-Spieler«, sagte Tiina.

»Und ich wünsche mir, dass es auf der ganzen Welt keine Kriege mehr gibt«, sagte Timo, der nicht nur ein Genie, sondern auch ein besonders selbstloser Mensch ist.

»Ich versprech dir eins auf die Mütze, wenn ich keine Boxhandschuhe kriege«, sagte der Rambo.

»So, und jetzt weiß ich überhaupt nicht mehr, was ich mir wünschen wollte, weil ihr alle so lang gebraucht habt«, sagte Mika. Dann verließ er seinen Platz in der Schlange und fing an zu weinen.

»Kann ich noch tauschen?«, fragte Pekka. »Ich wünsche mir dieses Jahr doch lieber nur Geld.«

»Verstehst *du*, wovon die reden?«, fragte der Weihnachtsmann seinen Sohn.

»Ich verstehe genauso viel wie immer, also so gut wie gar nichts«, sagte der Lehrer.

»In jedem Fall: herzlich willkommen!«, sagte der Weihnachtsmann.

Wir zwinkerten dem Weihnachtsmann zu. Wir hatten verstanden. Er tat so, als würde er nichts verstehen, weil er das bei anderen Kindern, die zufällig vorbeischauten, auch so machen musste. Aber er konnte auf uns zählen. Wir würden anderen Kindern nichts verraten. Sein Geheimnis war bei uns gut aufgehoben.

Dann sagte der Weihnachtsmann, wir dürften uns Schlafplätze in den Blockhütten aussuchen. Auch der Lehrer und seine Frau durften sich eine Hütte aussuchen, aber erst später. Jetzt nahm der Weihnachtsmann die beiden an den Händen und führte sie in das große rote Haus.

Die Wichtel starteten wieder ihre Motorschlitten, winkten uns zum Abschied und fuhren in Richtung des Dorfes am anderen Ufer.

»Tschüss! Bis nächstes Weihnachten!«, riefen wir, aber die Wichtel hörten uns wahrscheinlich nicht, weil ihre Schlitten so laut brummten.

»Glaubt ihr, dass der Weihnachtsmann unsere Geschenke schon heute Nacht verteilt?«, fragte Hanna hoffnungsvoll, als wieder Stille herrschte.

»Kann gut sein. Hört mal, wenn man den Sohn des Weih-

nachtsmanns Weihnachtsmann junior nennt – wie
nennt man dann wohl die Frau vom Weihnachtsmann
junior?«, überlegte ich.

»Weihnachtsbraut«, wusste Timo.

»Der Weihnachtsmann junior und seine Weihnachtsbraut – wie romantisch!«, seufzte Hanna.

Armando Massarenti
Beweise für die Existenz des Weihnachtsmanns

Dass es den Weihnachtsmann gibt, weiß doch jedes Kind.
Aber das genügt den Philosophen nicht. Sie wollen Beweise. So sind sie eben. Für alles brauchen sie einen Beweis, von der Existenz Gottes bis hin zur Existenz der
Außenwelt. Doch was für Beweise? Wissenschaftliche Beweise wie die vom *Institute of Scientific Santaclausism*?
Oder solche, die auf dem gesunden Menschenverstand
beruhen? Jeder kann sehen, dass von den Wünschen
auf den Wunschzetteln, die aufs Fensterbrett gelegt werden, gut neunzig Prozent beherzigt werden. Oder lieber
historische Beweise? Die Gebeine von Santa Klaus wurden 1087 in Bari beigesetzt, nachdem italienische Kreuz-
fahrer sie den Türken weggenommen hatten, die sie nun
zurückhaben wollen (ach, Europa schreitet in endlosen
Schwierigkeiten voran!).
Sie sind immer noch skeptisch? Der Wissenschaftsphilo-
soph Paul K. Feyerabend berichtet, dass er im Alter von
acht Jahren wie üblich vor dem Weihnachtsmann mit all
seinem Goldflitter, seiner Zipfelmütze und seiner tiefen
Stimme stand. »Doch ich sah auch die Schuhe meines
Vaters, die mir vorher nie aufgefallen waren, sah die Augen hinter der Maske, die früher immer eins mit ihr gewesen waren, und hörte meinen Vater sprechen, nicht
Sankt Nikolaus. Es war mein Vater, ganz klar, doch andererseits war er es ganz klar nicht, sondern Sankt Nikolaus.«

Ebenso erscheint in Homers *Ilias* Aphrodite als eine Greisin, doch Helena, an die sie sich wendet, sieht auch »den lieblichen Nacken der Göttin«, so dass die zweite Identität die erste nicht auslöscht, sondern steigert!

In einer Folge der Fernsehserie *Ally McBeal* taucht in der Anwaltskanzlei, in der die Protagonistin arbeitet, der Adoptivvater einer Kollegin auf. Der alte Herr mit dem weißen Bart behauptet steif und fest, der Weihnachtsmann zu sein. Er arbeitet als Grundschullehrer, und die Schuldirektion, die sich mit seiner originellen Selbstauskunft nicht zufriedengibt, hält ihn für verrückt und will ihn entlassen (ach, dieser grassierende Laizismus!).

Das Anwaltsbüro verteidigt ihn: Warum sollte jemand entlassen werden, der die Kinder als Weihnachtsmann glücklich macht und in ihnen Gefühle wie Freundlichkeit, Großzügigkeit und Zuversicht weckt? Das ist ein moralischer Beweis. Braucht es noch mehr?

Der Geist der Weihnacht

Claire Beyer
Der Stern

Die Tage begannen und endeten in der *Kathedrale*. So
nannte Frau Ohm die nahe gelegene S-Bahnstation, seit
sie den Tiefbahnhof zum ersten Mal betreten hatte. Dort
unten war es das ganze Jahr über düster, die Wände
feucht, aber jetzt im Dezember zeigte sich das graue Be-
tongewölbe in einer Dunkelheit, die keine Beleuchtung
mehr erhellen konnte. Als fresse ein gieriger Feuerschlu-
cker alles Licht, dachte sie oft und war immer erleichtert,
wenn der Zug die Station verließ und sie zu ihrer Ar-
beitsstelle oder – am Abend – aus der Dunkelheit in ihre
Wohnung zurückkonnte.
Sie arbeitete im Lager eines Kaufhauses und war dort mit
anderen Angestellten für die Entsorgung mangelhafter
Waren, aber auch für Rückgaben von Fehlkäufen zustän-
dig, die von der Reklamationsabteilung zu ihnen gebracht wurden. Gewissenhaft überprüften sie, was wieder in den Warenkreislauf retour durfte und was nicht.
In der Adventszeit hatten sie besonders viel zu tun. Die
Leute kauften und bereuten oder kauften und zweifelten
oder kauften und hatten sich übernommen. Oft kam es
zu Zugängen im Lager, weil die Ware (offensichtlich) de-
fekt war. Das ärgerte Frau Ohm, denn sie war sich sicher,
dass die Käufer nicht sachgemäß mit den Produkten um-
gegangen waren. Das betraf im Dezember besonders
den Weihnachtsschmuck. Die hauchfeinen Gebilde aus
Glas mussten trotz guter Verpackung behutsam behan-

delt werden, was die Kunden immer wieder zu vergessen schienen. Sie stopften die zarten Kugeln, aber auch filigrane Sterne oder fein gedrehte Glaszapfen zwischen die sonstigen Einkäufe, um dann zu Hause vor einem Scherbenhaufen zu stehen und stante pede in der Reklamationsabteilung aufzutauchen. Die Geschäftsleitung wies das Personal dort an, defekte Ware großzügig zu tauschen oder den Kaufpreis zurückzuerstatten. In der Lagerhalle füllte sich dagegen der lange Holztisch mehr und mehr mit defekter Ware, die es zu registrieren galt. Schließlich durften bei der Inventur am Jahresbeginn keine Differenzen auftreten.

Natürlich kam es vor, dass zwischen den Scherben der eine oder andere Weihnachtsschmuck intakt geblieben war. Er durfte aus Gründen, die sich Frau Ohm nicht wirklich erschlossen, dennoch nicht wieder in den Verkauf zurück und musste mit auf den Scherbenhaufen, der bis zum Weihnachtsabend immer größer wurde. Gegen diese Anweisung der Geschäftsleitung leistete Frau Ohm von dem Tag an sanften Widerstand, an dem sie ein besonders kunstvoll gefertigtes Glasornament zerstören sollte. Stattdessen nahm sie den unversehrten Eiszapfen vom Tisch und befestigte ihn an einem Tannenzweig, der in einem Schirmständer Platz gefunden hatte. Die Abteilungsleiterin duldete diese subversive Aktion kommentarlos. Der Zweig reichte bald nicht mehr aus, ein zweiter, den Frau Ohm aus dem Stadtwald mitgebracht hatte, kam dazu, aber auch er bot irgendwann nicht mehr genügend Fläche, um all die Fundstücke zu beheimaten. So fasste sich Frau Ohm ein Herz und fragte bei ihrer Chefin nach, ob sie das ein oder andere Teil (unentgeltlich) mit nach Hause nehmen dürfe. Das müsse mit der Geschäftsleitung geklärt werden, bekam sie zur Antwort, und wirklich folgte die positive Entscheidung auf dem Fuß. Sie bekam jedoch die Auflage, dass nur eine rein private Nutzung erlaubt sei und die Ware unter keinen Umständen weiterverkauft werden dürfe, womöglich sogar, um damit einen Handel aufzuziehen.

Das wies Frau Ohm weit von sich. Und weil sie seit Jahrzehnten als gewissenhafte Mitarbeiterin tätig war, gab es endgültig grünes Licht. Bunter, goldener, silberner und transparenter Weihnachtsschmuck verließ den Lagerraum, und während der täglichen Arbeit kam es immer zu großer Freude, wenn sie ein unbeschädigtes Stück entdeckte und am Abend nach Hause tragen konnte. Sie lebte allein, machte sich aber immer die Mühe, die Wohnung gemütlich zu gestalten und die Formen des Anstands zu wahren. Beispielsweise war der Tisch beim Abendessen immer sorgfältig gedeckt, weil sie in *Robinson Crusoe* gelesen hatte, dass Alleinsein zur Verwahrlosung führen könnte. So habe sich der Schiffbrüchige die Mühe gemacht, einen Tisch aufzubauen und darüber hinaus zu den Mahlzeiten einen Anzug angezogen. Frau Ohm zog vor dem Essen immerhin ihren grauen Arbeitsmantel aus und kämmte sich die Haare. Aber erst als der Tisch abgeräumt und das Geschirr versorgt war, widmete sie sich ihren Schätzen.

An einem Morgen in der dritten Adventswoche verhinderte ein Eisenbahnerstreik ihre gewohnte Fahrt zur Arbeit. Sie war gezwungen, sich im kalten Innern der Kathedrale aufzuhalten, was ihr großes Unbehagen bereitete. Der Fußweg zu ihrer Arbeitsstätte war zu lang, ihr blieb nur die Möglichkeit zu warten und auf eine Ersatzverbindung zu hoffen, denn die Fahrt mit einem Taxi war entschieden zu teuer. Über eine Stunde saß sie bereits frierend und hungrig auf einer heruntergekommenen Gitterbank, als sie von dem alten Mann angesprochen wurde. Das Erscheinungsbild des Alten, die tiefen Schatten unter seinen Augen, seine abgenutzte Kleidung machten sie misstrauisch, doch der Alte sprach sie so freundlich und in gewähltem Ton an, dass sie ihn nicht abwies. Zwar könne er keine Bahn herbeizaubern, aber eine Tasse Tee – sofern sie nicht Angst habe, vergiftet zu werden, fügte er augenzwinkernd hinzu. Sie nahm seine Einladung an, und er schenkte ihr aus einer Thermoskanne den Tee in einen Pappbecher, den er aus einer Stofftasche geholt hatte. Sie nahm den ersten Schluck und signalisierte dem Fremden, dass ihr das Getränk zusagte. *Oh, eine gut gewählte Kräutermischung,* beantwortete er ihre Frage, was er da kredenze. Er schenkte ihr nach, und sie bedankte sich überschwänglich. Ihr war warm geworden, und als der Alte sich freundlich von ihr verabschiedete und in einem der labyrinthischen Gänge verschwand, bedauerte sie das aufrichtig. Kurze Zeit später verkündete der Lautsprecher, dass die Linie nun angefahren würde. *Zurücktreten bei der Einfahrt des Zuges.*

In den nächsten Tagen wiederholte sich ihr Warten auf die S-Bahn und auch das Auftreten des Mannes, bis hin zum Genuss des Tees. Obwohl sie schon eine Stunde früher den Bahnsteig betrat, blieb der Alte bei ihr, bis die Ersatzbahn aufgerufen wurde. Währenddessen unterhielten sie sich. Und drehten sich anfangs die Gespräche um den Streik und das Wetter, wurden die Inhalte nach und nach persönlicher. Frau Ohm erzählte, sie fühle sich hier unten wie in einer düsteren Kathedrale, erzählte von ihrer Arbeit, davon, wie unachtsam viele Menschen mit den Waren umgingen, wie wenig sie die Arbeit und Mühe, die in der Fertigstellung jedes einzelnen Produkts steckte, zu schätzen wüssten. Sie habe immer mehr den Eindruck, die Welt sei mittlerweile wie dieser Tiefbahnhof, alt, müde und ohne Erinnerung an den Klang von hellen Glocken und fröhlichem Lachen. Sie schüttelte sich, entnahm dann ihrem Rucksack vorsichtig zwei in Seidenpapier eingewickelte Christbaumkugeln, erklärte, dass sie sie extra für ihren freundlichen Teelieferanten und Gesprächspartner mitgebracht habe, und gab sie ihm. Er öffnete seine Hände zu einer Schale und ging mit den Geschenken in die Dunkelheit. Zuvor hatte er sich aber so herzlich bedankt, dass Frau Ohm die Tränen in den Augen standen. Dann kam ihre Bahn, und sie ging in ihren Zug; leicht und mit einem Lächeln um ihren Mund.

Wie der Fremde hieß, wusste sie auch in der vierten Adventswoche nicht, ebenso wenig, wo er lebte, wobei sie vermutete, dass er irgendwo auf dem Gelände der S-Bahnstation untergekommen sein musste, denn wenn sie kam, war er schon immer da. Dann hatten sich die Tarifpartner geeinigt, der Streik war vorbei, und Frau

Ohm hätte zur üblichen Zeit ihren Arbeitsweg antreten können, tat es aber nicht, denn der Mann wartete schon immer bei der Gitterbank mit frischem, heißem Tee auf sie. Und sie ihrerseits hatte immer eine kleine Pretiose (wie er die geretteten Dinge nannte) für ihn dabei. Sie nahm allen Mut zusammen, fragte ihn nach seinem Namen und danach, wo er denn wohne. Der Alte zögerte kurz, so als müsse er sich erst noch über etwas im Klaren werden, antwortete dann, sein Name sei Nikolaj (mit einem j am Ende), und er wohne tief im Innern der – wie sie diese Station nannte – Kathedrale. Er dürfe sich hier aufhalten, weil er abends die Plätze säubere und verloren gegangene Gegenstände sichere und sie am anderen Tag ins Fundbüro bringe. Dafür würde ihm eine kleine Kammer gestellt, beheizt und mit fließendem Wasser. Eine wahre *Luxusbleibe*, weil er zuvor auf der Straße gelebt habe. Dann lud er sie ein, ihn zu besuchen. Frau Ohm beteuerte, dass sie der freundlichen Einladung eines Tages folgen würde, bat ihn um Geduld, ohne dass sie genau wusste, warum sie das sagte und ihm nicht gleich und ohne Scheu in die Kammer folgte. *Kein Problem, kein Problem.* Nikolaj nahm es gelassen hin.

*

Der Heiligabend fiel auf einen Werktag, weshalb Frau Ohms Arbeitszeit bis zum frühen Nachmittag andauerte. Sie hatte zum letzten Mal ihren kleinen Rucksack mit einem zurückgegebenen Kleinod gefüllt und ihn neben den kunstvollen Rauschgoldengel gelegt, den sie für Nikolaj eingesteckt hatte, und war dann langsam zur S-Bahn gegangen. Der Gedanke an einen weiteren ein-

samen Weihnachtsabend betrübte sie wie die Jahre zuvor, weshalb sie insgeheim auf eine Begegnung mit Nikolaj hoffte, auch wenn er immer nur am Morgen auf sie
gewartet hatte. Aber er war nicht da. Sie setzte sich auf
die Gitterbank, wartete eine Bahn nach der anderen ab,
konnte sich nicht entschließen, die wenigen Schritte
nach Hause zu gehen, wusste aber auf der anderen Seite
nicht, wo sie Nikolaj in diesem Gewirr aus Gleisen, Gängen und Etagen suchen sollte. Jetzt bedauerte sie sehr,
seiner Einladung nicht gefolgt zu sein. Sie war sich inzwischen sicher, ihm vertrauen zu können. Den Aus-
schlag dafür hatte ein Zitat von Rousseau gegeben, das
er ihr mit Nennung des Namens des französischen Philosophen vorgetragen hatte: »Der zivile Mensch will,
dass die anderen mit ihm zufrieden sind; der Einsame
muss dies selbst sein, sonst wird sein Leben unerträg-
lich. Folglich ist Letzterer gezwungen, tugendhaft zu
sein«. Sie waren beide einsam, ihre eigene »Tugendhaf-
tigkeit« mochte sie nicht beurteilen, bei Nikolaj aber
war ihr klar geworden, dass er sich diese Worte zu Herzen genommen hatte.
Der Nachmittag war vorangeschritten und näherte sich
dem Abend. Menschen kamen und verschwanden zwischen Säulen und Gängen oder in einem der vielen ein-
fahrenden Züge. Sie fror inzwischen heftig, verließ ihren
Sitzplatz und dachte, wenn sie sich schon Bewegung ver-
schaffte, könne sie ja auch versuchen, die Kammer ihres
Tee- und Gesprächspartners zu finden. Schließlich wollte sie ihm den besonders kunstvollen Rauschgoldengel
zum Geschenk machen. Ihm fehlte nur der Daumen ei-

ner Hand, aber wer nicht genau hinschaute, bemerkte dies gar nicht. Auch weil das Gewand des Engels golden und die langen Haare wie eine helle Wolke über die Schultern fielen. Dazu krönte ein Stern auf einem goldfarbenen Reif sein Haupt. Das Gesicht mit den feinen Zügen war wunderbar aus Wachs modelliert und mit zarten Farben bemalt worden. Ein Kunstobjekt von Meisterhand gefertigt! Dieser Engel sollte ihr Weihnachtsgeschenk für Nikolaj sein, und sie freute sich darauf, sein Gesicht zu sehen, wenn sie es ihm überreichte, denn immer, wenn sie ihm etwas mitbrachte, zeigte er eine fast kindliche Begeisterung. Bei vielen Erwachsenen war diese Freude längst verloren gegangen, wie sie oft auch an ihren Kolleginnen und Kollegen im Warenlager bemerkte. Immer wieder nahm Nikolaj eine der geretteten Kleinigkeiten zum Anlass, über Gott und die Welt zu reden, ohne jedoch viel von sich preiszugeben. Obwohl er tief unten im Innern der Kathedrale lebte, betrachtete er das Leben der Menschen von weit oben; wollte sie wissen, woher er kam, wo und wie er gelebt hatte, was ihn zum Obdachlosen gemacht und später dann in die S-Bahnstation verbannt hatte, antwortete er ausweichend. Er habe im weitesten Sinn als Theologe gearbeitet und würde das in gewisser Weise immer noch tun, wenn er nicht gerade Tee für sie koche. Letztlich sei er zu einem Einsiedler zwischen Häuserschluchten geworden. Nun aber würde er befreit, denn er sehe es als großes Glück, dass ihm ein Menschenkind den Platz neben sich angeboten hatte, um mit ihm zu reden, und nicht durch ihn hindurchsehe. Es sei, als habe er den einen Stern gefunden, der heller als all die anderen am Nachthimmel strahle. An all das dachte Frau Ohm, als sie sich auf die Suche nach Nikolaj machte. Sie drang immer tiefer in das Labyrinth der Station ein. Nach den breiten Bahnsteigen führte ein kaum beleuchteter, enger Gang (*Betreten für Unbefugte streng verboten*) immer weiter hinein. Sie folgte ihrem Impuls und ließ sich davon nicht aufhalten, auch nicht von dem erdigen, modrigen Geruch, den die Wände ausströmten, denn wenn sie aufsah, nahm sie ein warmes Licht wahr, von dem sie instinktiv wusste, dass es von dem Ort ausging, den sie suchte.

Nikolaj erwartete sie bereits. Die Schatten unter seinen Augen waren verschwunden, seine abgerissene Kleidung hatte er gegen einen hellen Mantel aus weichem Stoff eingetauscht. Umgeben von vielen hell leuchtenden Lämpchen strahlte er mit ihnen. Die kleine Kammer, in die er sie bat, beherbergte eine Tanne, an der der Weihnachtsschmuck hing, den sie ihm in die Hand gedrückt hatte. Nichts davon fehlte. Oder doch, dachte sie, und befreite den Rauschgoldengel aus ihrem Rucksack. Gemeinsam brachten sie ihn an der Spitze des Baumes an, standen lange davor, ehe er sie bat, an einem kleinen Resopaltisch Platz zu nehmen. Es gab Brot und Käse, Wasser und Wein, und sie aßen mit großem Appetit. *Frohe Weihnachten*, immer wieder wünschten sie sich das, aufgenommen von dankbaren Blicken, gegenseitig. Sie hatte sich selten so wohl gefühlt wie in der Gesellschaft des alten Mannes, der mit einem Becher Tee und einem Lächeln Wärme in ihr Leben gebracht hatte. Nach dem Essen wurden gemeinsam die Kerzen am Weihnachtsbaum angezündet. Wie von Zauberhand verwandelte sich die kleine Kammer in ein Schlossgemach; sie konnte sich nicht sattsehen, sah hinter den nackten Betonwänden die Maserung von feinem Marmor, der Asphaltboden verwandelte sich in ein glänzendes Parkett, die feuchten, dunklen Flecken der Wände wurden zu bunten Gemälden von Manet und Repin, van Gogh und Kahlo. Das Licht unzähliger Kandelaber fiel auf Nikolaj, der ihr lächelnd noch ein Glas Wein anbot.

Dann geschah etwas Merkwürdiges.

Frau Ohm erinnerte sich später daran, dass sie gegen ein übergroßes Schlafbedürfnis ankämpfen musste, und schließlich nachgab. In einer Welt zwischen Wachsein und Tiefschlaf hörte sie Nikolaj sagen, dass er nun fortmüsse. Doch er würde wiederkommen. Im nächsten oder übernächsten, oder überübernächsten Advent. Das läge nicht in seiner Hand…

Aus einem tiefen Schlaf wurde sie dann unsanft geweckt. Ein Polizist tippte auf ihre Schultern und fragte, was sie denn hier mache. Er trug eine blaue Uniform und leuchtete mit einer Taschenlampe in ihr Gesicht, denn der Raum lag in völliger Dunkelheit. Und nicht nur das, alles, was ihn zu einer gemütlichen Kammer gemacht hatte, war verschwunden. Der Weihnachtsbaum, die kleinen Lampen, die Speisen und Getränke, selbst der Tisch. Nur der unbequeme Holzstuhl, auf dem sie saß, war noch da. Und es war so kalt, dass ihre Hände ganz starr waren.

Der Polizist wartete ihre Antwort nicht ab, bat sie aufzustehen und führte sie mit Hilfe eines zweiten Uniformierten entlang des modrigen Ganges, bis hin zur Station, die jetzt, am späten Heiligabend menschenleer war. Sie kümmerten sich behutsam um die schlaftrunkene Frau, vielleicht, weil ihnen Frau Ohms blasses Gesicht Sorge bereitete, vielleicht, weil sie so gar keinen Widerstand geleistet hatte.

»Jetzt gehen Sie nach Hause. Sie haben doch ein Zuhause? Oder sollen wir jemanden für Sie benachrichtigen?«

Frau Ohm schüttelte den Kopf, wünschte den Uniformierten *Frohe Weihnachten*, stieg die steile Treppe nach oben und machte sich auf den kurzen Weg zu ihrer Wohnung.

Als sie die Tür aufschloss und Licht machte, sank sie vor Überraschung auf die Knie. Mitten im Raum stand der mit allen Pretiosen geschmückte Weihnachtsbaum Nikolajs, und von oben schaute der Rauschgoldengel lächelnd auf sie herab. Die feinen Kugeln, Eiszapfen, Engelchen, Glitzersteine und Glastiere spielten ein leises Windkonzert, das der Luftzugdirigent angestimmt hatte. Frau Ohm setzte sich in ihren Lieblingssessel, um zu hören, zu sehen und zu staunen. Als das zarte Spiel verklungen war, fiel ihr Blick auf einen Bogen Seidenpapier, der unter dem Christbaum hervorschaute. Auf dem blauen Blatt lag ein feinmaseriger, aus Lindenholz geschnitzter Stern. Seine Schlichtheit rührte sie zu Tränen, und als sie ihn aufhob und mit den Fingern darüberstrich, strömte ihr eine Wärme entgegen, wie sie nur weitergegeben werden konnte von einem, der die Menschheit liebte.

Danke, Nikolaj, sagte sie leise.

Gabriela Jaskulla
Ein Lied zur Weihnacht

Die alte Frau singt. Man könnte sagen: »aus Leibeskräften« – aber das stimmt nicht. Sie hat kaum noch Leibeskräfte, diese Frau. Sie steht, zierlich und gebeugt in der
Kirchenbank, in ihrem nachtblauen Mantel, der schon
einmal bessere Tage gesehen hat und unter dem der
Kragen ihres Brokatkostüms hervorlugt. Goldene Rosen
auf blauem Grund. Ihren Rollator hat sie irgendwie zwischen sich und die Bank der Vorderreihe gequetscht.
Aber sie stützt sich nicht auf das verhasste Gefährt, sie
hat nur die linke Hand darauf abgelegt, durchaus mit
Grazie, während die rechte Hand – gestikuliert. Ja, die
alte Frau bewegt den Arm zur Seite und dann wieder
nach vorn, es ist, als streichele sie sanft die Luft, sie unterstreicht mit diesen großen, weiten Gesten ihren Gesang. Als schöpfte sie auch mit dem Arm Luft oder als
wollte sie sich der Unterstützung der Leute hinter ihr
versichern. Sie singt und bewegt die Hand, und mit jeder
Liedzeile richtet sie sich mehr auf:
»Maria durch ein Dornwald ging …«
Die Tochter hat das Lied immer gehasst. Warum an
Weihnachten über Dornen singen? Warum von Leid
hören?
»Kyrie eleison …«
Die Stimme der Mutter ist immer noch kräftig, denkt
Simone, eine helle Stimme, aber das eigentlich Überraschende ist nicht die Kraft, die in der Stimme liegt, son-

66

dern die Eleganz, die Anmut: Die Mutter singt wie eine ausgebildete Opernsängerin!
»Maria durch ein Dornwald ging,
Kyrie eleison,
Der hat in sieben Jahr'n kein Laub getragen …«
Die Klage der Mutter klingt durch das Kirchenschiff, aber nicht weinerlich, eher wie ein Statement. Kann man sachlich singen? Sie steht nun ganz aufrecht, den Blick nach vorn gerichtet, zum Altar, und natürlich kann sie den Text auswendig, auch noch mit achtzig.

Auf Textsicherheit hat sie immer Wert gelegt. Es war das Erste, was sie dem Kind beibrachte. Simone, noch keine vier Jahre alt, kannte bereits vierundzwanzig Kinderlieder auswendig. Vierundzwanzig. Nicht dreiundzwanzig, nicht fünfundzwanzig. Die Mutter bestand auf der exakten Buchhaltung der kindlichen Leistung, die sie gern beim Kaffeetrinken mit den Nachbarinnen vortrug. Und wenn die Nachbarinnen ungläubig guckten, wurde Simone geholt und musste singen. Dann gaben die Nachbarinnen auf, die größere Gärten hatten und einen Mann, der sonnabends die Einkäufe nach Hause fuhr – und die Mutter war zufrieden. Aber Simone sang auch ohne Nachbarinnen, ohne Publikum, sie sang dann nur für sich oder für sich und die Mutter. Sie verstand, dass der exakte Wortlaut im Kinderlied wichtig war, die richtige Reihenfolge der Strophen. Deshalb waren einfache Lieder, solche mit wenigen Strophen, auch nicht ernst zu nehmen, aber andere, vielstrophige schon. Je vielstrophiger und verwickelter, desto besser. »An meiner Ziege hab ich Freude« – abgetan, da nur zwei Strophen. »Widewidewenne heißt meine Putthenne« – auch nur mittellang, aber schön kompliziert. Am besten waren die Weihnachtslieder, manche waren richtig vertrackt, wie das zweisprachige, in dem es abwechselnd deutsch und lateinisch zuging: »In dulci jubilo – nun singet und seid froh«. Da funktionierte die alte fremde Sprache wie ein Zauberspruch, und so etwas Ähnliches waren die frommen Verse ja wohl auch. Manche blieben völlig rätselhaft, wie das mächtige »Gloria«, in dem von einem »excelsis Deo« die Rede war, und Simone überlegte jahrelang, was für ein Deodorant man wohl im alten Bethlehem benutzt haben könnte …

Die meisten Lieder jedoch erzählten ganze Geschichten, durchaus verständlich, nur eben gereimt und mit Melodien darüber und darunter. Simone stellte sich vor, dass die Wörter in der Musik badeten. Sie stellte sich vor, dass die Wörter dufteten vor Frische, manche jedenfalls: »Die güldne Sonne, voll Freud und Wonne.« Das war so ein Lied, das Simone liebte, wegen des Wonne-Wortes. Simone und die Mutter übten und übten. Sie sangen am Morgen, zum Aufwachen, sie sangen, wenn Simone am Mittag beim Abwasch half: »Wer hat an der Uhr gedreht, ist es wirklich schon so spät …«, sie sangen, am Abend von den Sternlein, die am Himmel prangen, und vom goldenen Mond, der die Schäfchen hütete. Durch die Lieder verstand Simone, dass es einen gut organisierten Himmel gab – und dann funktionierte das Leben auf der Erde womöglich auch. Die Lieder richteten die Welt ein.

Wenn sie am Wochenende wanderten, sangen sie besonders gern und besonders laut. Sie sangen bergauf und bergab, und dann war die Mutter zufrieden mit dem Kind: heute sechzehn Kilometer und wieder drei neue Lieder, darunter natürlich »Das Wandern ist des Müllers Lust«, zweistimmig geschmettert bis zum Pausenbrot mit Cervelatwurst und Ei.

Die Tochter sang, ohne so recht zu bemerken, dass sie sang, singen war wie essen und reden und schlafen, also: ganz normal. Und schön war, dass man die Zeit vergaß, wenn man sang, die Anstrengungen, die Sorgen – alles weit weg. Weggesungen, in Grund und Boden gesungen und dann noch den Rhythmus hinterher geklatscht. Weg mit dir, Niedergeschlagenheit, weg mit dir, Angst! Sorgen hatten sie nicht wenige, seit der Vater fortgegangen war, aber wenn sie sangen, wurde alles leichter und vieles wieder vorstellbar. Die Liedergeschichten gingen meist gut aus – oder die Strophen bildeten einen Kreis, das Lied kehrte an den Anfang zurück, und damit war eine Ordnung wiederhergestellt, die beruhigte. Das Kind mochte Ordnung, und darin war es seiner Mutter ähnlich, die ihren Job in der Sparkasse liebte und vor sich hin pfiff, wenn sie am Nachmittag nach Hause kam.

Irgendwann stellte die Patentante eine Marotte bei der nun fünfjährigen Simone fest: Wenn die Mutter ein Gericht auftischte, das die kleine Simone besonders mochte – Spiralnudeln mit Pilzen vielleicht oder Möhren in Sahne –, dann summte das Kind beim Essen zufrieden vor sich hin. Simone summte beim Essen, sie tirilierte,

wenn sie zwei Jahre später den Weg zur Schulbushalte-
stelle nahm, die Achtjährige brummte und blubberte,
wenn sie stundenlang in der Badewanne vor sich hin-
träumte.

»Als das Kindlein durch den Wald getragen,
da haben die Dornen Rosen getragen.
Jesus und Maria.«

Die Kerzen in der Kirche flackern vom Luftzug der vielen Singenden. Wie festlich die Kirche aussieht, dabei ist
sie keineswegs alt und bedeutend, sondern ein ganz nor-
males Gotteshaus im Viertel, nach dem Zweiten Welt-
krieg hastig und mit billigen Materialien aufgebaut, aber
sie ist innen weiß verputzt und hoch, eine einladende
Kirche, ein offener Raum. Vorn schwebt ein bronzener
Jesus mit ausgebreiteten Armen vor einem Kreuz, das
man nicht sieht, eine Marienfigur schmiegt sich an ihn,
eher zärtlich als verzweifelt. Alles wird möglich, wenn
man ein Lied singt. Lieder besingen Wunder. Und vielleicht bewirken sie auch welche?

Simone erinnert sich an das Weihnachten, als sie zehn
Jahre alt war. Der greise Pfarrer mit dem Prophetenbart,
der sich über den Sopran der Mutter im Kirchenchor
freute, fragte, ob nicht auch das Kind singen könne?
Sie brauchten noch eine Maria für die Christmette. Also
wurde das Kind, obwohl wild und lockenköpfig und auch
sonst so gar nicht vom ätherischen Aussehen einer Madonna, in die junge Maria verwandelt. Mit klopfendem

Herzen stand sie in der Christmette neben dem Messdiener, der jetzt den Evangelisten gab, vor dem Altar. Die Kirche war voll, es brannten hundert Kerzen, und die Luft war von ihrem Duft und vom Weihrauch geschwängert, aber Simone-Maria roch auch Bratenduft, der an manchen Kleidern hing, roch teures Parfüm – und Aufregung. Obwohl es schon auf Mitternacht zuging, war Simone nicht müde. Sie nahm alles intensiv wahr: die Düfte, das leise Scharren der Füße, das gelegentliche Räuspern und Rascheln, die Erwartung der vielen Menschen, ihre leuchtenden Augen. Die Menge der Gläubigen verschwamm ein wenig, während der Evangelist die Weihnachtsgeschichte deklamierte. Sie näherten sich der Stelle, an der der Engel Maria sagt, was sie zu erwarten hat, und dann nickte ihr der Evangelist kurz und kräftig zu, und Simone holte tief Luft und sang ihren Satz, ein bisschen schief, aber immerhin kräftig: »Sieh, ich bin des He-herren Ma-hagd. Mir geschehe nach deinen Worten.« Das war's. Nur ein Satz. Und Abgang. Und rauf auf die Orgelempore, wo es noch mehr zu tun gab. Die Mutter hatte dort oben ihren großen Auftritt, ein richtiges Solo vor der Heiligen Wandlung – mehr Ehre ging nicht im katholischen Weihnachtsgottesdienst. Aber kein Mensch lobte hinterher den wahrhaft großen Gesang der Mutter – alle redeten nur vom rührenden Wiegenlied, das Simone abschließend zur Kommunion von der Empore gesungen hatten: »Zu Bethlehem geboren …« Dabei war das nicht besonders gut gegangen, Simone hatte vor Aufregung ihren Einsatz verpasst, der Organist hatte zwei- oder dreimal ansetzen müssen, und dann war die beschämte

Simone viel zu schnell gewesen, sodass ihr der Organist verzweifelt Zeichen gab: Langsam, Kind, langsam …

Die Mutter hatte seltsam geschaut, nicht streng wie sonst, aber auch nicht mitleidig, und Simone dachte bei sich, dass die Mutter mit Schuld an dem verpatzten Auftritt gewesen war, denn Simone hatte, kaum, dass sie auf der Empore angekommen war, ihre Hand in die der Mutter schieben wollen, aber die Mutter hatte sie abgeschüttelt, ihr Gesicht sagte »Nein, nein!«, denn sie musste sich gerade selbst vorbereiten auf ihren Auftritt, auf ihr Lied, das eher eine Arie war:

»Ich steh an deiner Krippen hier, oh Jesus, du mein Leben …«

Und dann standen eben alle vor der Kirche und schlürften noch einen Glühwein oder Punsch, und alle redeten von der süßen Kinder-Maria, von Simone, während die Mutter dabeistand und mit fest verschlossenen, dunkelrot geschminkten Lippen eisern lächelte.

War das der Anfang einer feinen Konkurrenz gewesen? Simone wurde elf, sie wurde zwölf, und sie merkte, dass sich etwas veränderte. Aber erst, als sie siebzehn wurde und sich haltlos in einen Künstler verliebte, wurde ihr klar, dass etwas nicht stimmte. Der Mann war fünfzehn Jahre älter als Simone – und fünfzehn Jahre jünger als die Mutter. Er steht zwischen uns, sagte die Mutter amüsiert – vom Alter her, fügte sie eilig hinzu. Die Mutter war eine eifrige Museumsbesucherin, immer schon gewesen, aber Simone wurde nun geradezu süchtig nach Bildern und Skulpturen.

Eines Tages kam Simone aus der Schule, später als sonst,

sie hatte sich noch mit ihren Freundinnen verplaudert. Sie öffnete die Haustür, trat ein, hörte Stimmen aus dem Wohnzimmer – und da fand sie ihre Mutter vor, offenbar in lebhafter Unterhaltung mit dem verehrten Künstler. Der Bildhauer hatte Simone besuchen wollen, einfach so, er hatte noch die fleckigen Arbeitsklamotten an, aber er hatte nur die Mutter angetroffen und diskutierte mit ihr nun schon länger über verschiedene Metalle für seine Objekte, während Simone auf sich hatte warten lassen. Das machte aber nichts!, fand er. Das machte viel, fand Simone, schwieg jedoch. Die Mutter sagte: Na, dann wollen wir mal …– und verzog sich. Ihr burgunderroter Lippenstift war verwischt.

Trägt die alte Mutter noch immer Lippenstift? Es ist dreißig Jahre her. Simone beugt sich in der Kirche ein wenig vor, um es genauer zu sehen. Ja, natürlich! Die Mutter legt Make-up auf, trägt Lippenstift und benutzt ein wenig Rouge, feines Rouge, rosenholzfarbenes, und sie hat vor ein paar Jahren geweint, als sie merkte, dass sie ihre schönen, grünen Augen nicht mehr schminken konnte: Die Augenkrankheit schritt unaufhörlich fort, sodass sie sich in keinem Spiegel dieser Welt mehr mit der hinreichenden Genauigkeit sehen konnte, aber Simone wusste nicht, was sie sagen sollte, als ihr die Mutter eines Tages all die Lidschatten-Töpfchen, Kajal-Stifte, Highlighter und Wimperntuschen-Roller schenkte, zwei drei Hände voll: Da, nimm du das! – Und dabei liefen ihr die Tränen über das Gesicht, als verspürte sie körperliche Schmerzen.

Auch jetzt entdeckt Simone Tränen auf den rosenfarbenen Wangen der Mutter, einige wenige, glitzernde Tränen, aber sie lächelt dabei, sie lächelt mit geschlossenen Augen, immer konnte das die Mutter schon: singen und lächeln. Vielleicht lächelt sie, weil das Lied, das sie gerade singen, so flott ist. Man muss sich ganz schön sputen, um all den Text unterzubringen:
»Kommet ihr Hirten, ihr Männer und Frauen ...«

Aus der Liebelei mit dem Künstler wurde damals nichts Rechtes, die Mutter kommentierte den Kummer nicht, sondern kaufte der Tochter einen Badezusatz, der ein bisschen nach Weihrauch duftete und nach exotischen Hölzern und den sie sich eigentlich nicht leisten konnte. Das passte aber gut zum Winter, der diesmal schon Anfang Dezember mit Macht kam, Schnee brachte und Stürme, sodass sie noch mehr als sonst zu Hause blieben, vor dem Adventskranz mit den cremefarbenen Schleifen saßen und um die Wette die winterlichen alten Lieder sangen, während Simone, als wäre sie noch immer ein Kind, kleine Zweige vom Adventskranz abbrach und sie in die Kerzenflamme hielt, weil es keinen schöneren Duft gibt als Tannenzweige, die verglühen. Und wie immer tat die Mutter, als bemerke sie das nicht, sondern schenkte Orangenpunsch nach oder kochte einen neuen. An den Winterabenden waren sie sich einig.

Zwei Jahre später zog Simone von zu Hause aus, studierte, begann ein Volontariat bei einem Museum tief im Süden, bevor sie, noch weiter weg, Kunstgeschichte studierte, und die Mutter, zurückgelassen, erfand sich neu, ließ sich die Haare kurz schneiden und verwegen färben, sie unternahm Reisen und schickte lustige Postkarten aus Saigon, Nairobi und Santa Fé. Die Tochter, die weder heiratete noch Kinder bekam, hatte keine Gründe, nach Hause zurückzukehren, denn sie brauchte, anders als ihre Freundinnen, die Hilfe der Mutter nicht. Aber sie hatte ja auch kein Zuhause mehr: Die Mutter hatte das Haus am Ende doch verkaufen müssen und dafür eine Wohnung erworben, erstaunlich klein und erstaunlich hässlich für jemanden, der einen Sinn für Ästhetik hatte. Aber den trug die Mutter, so sagte sie lachend, lieber in die Welt. Ich will nicht sitzen bleiben, sagte die Mutter, nur wer sich bewegt, bleibt lebendig. Auf ihren schönen Händen zeigten sich die ersten Flecken. Und dann wurde sie alt, in zwei, drei grausamen Schüben, Krankheiten befielen sie, Störungen, Schmerzen hielten Einzug in ihr Leben, sodass selbst die kleinere Wohnung zu viel für sie wurde. Klaglos zog sie in ein Altersheim um und war nun ganz in der Nähe der vertrauten Kirche.

Vorm Altar schwebt der Schmerzensjesus, schwingt die Maria. Jetzt hat die Mutter bemerkt, dass Simone sie beobachtet. Sie lächelt – und dann stößt sie Simone mit dem Ellbogen verschwörerisch an. Jetzt strahlt sie regelrecht. Simone nickt. Auch sie hat das Vorspiel, das der Organist gerade spielt, sofort durchschaut: »Engel auf den Feldern singen …« – Das Lied, das sie als Kind so missverstanden hatte, das Lied mit dem schönsten und längsten »Gloria« im katholischen Gesangbuch, eine wahre

Weihnachtsgirlande, die die Gläubigen singend in den nächtlichen Himmel werfen – und da ist es auch schon so weit:

»Glo-ho-ho-ho-ho-hoho-gloria! In excelsis Deo!«

Der Organist gibt sein Bestes, es ist, als feuere er die Menge der Gläubigen an, und die reagieren und lassen sich treiben, und lauter und lauter wird der Gesang. Jetzt muss sich die Mutter doch mal kurz mit beiden Händen am Rollator festhalten, so sehr reißt sie die Musik mit, so frei und kraftvoll und leuchtend klingt ihr geübter Sopran, so schwingt sich ihre Stimme über die der anderen, und wenn sie sich nicht festhielte, würde es sie glatt vom Boden emporheben, sie würde mit der Musik aufsteigen bis zum Himmel, zum Himmel fliegen mit ihrem Gesang – oder doch mindestens bis zur Jesus-Maria-Figur unterm Kirchengewölbe.

Woher hatte die Mutter diese berauschend schöne Stimme? Simone sieht, wie die anderen Gottesdienstbesucher die Köpfe wenden, nicht gestört, sondern eher – bezaubert. Sie sieht, dass die Mutter das womöglich bemerkt und dass es sie in ihrem Gesang bestärkt. Die Mutter ist ein echter Bühnentyp! Sie nimmt die Blicke der anderen auf, die Bewunderung – und steigert ihren Gesang noch mehr. Immer noch heller, noch kräftiger. Hoch über den Köpfen der anderen liegt jetzt ihr klarer, dabei warmer Sopran.

»Hört ihr Hirten, wem die Freude, wem das Lied de-her Engel gilt...«

Die Mutter hat das offensichtlich gelernt. Hat sie früher einmal Gesang studiert? Oder Musik? Nur wo? Und wie? Und zu welchem Zweck? Simone stellt fest, dass sie nichts über die Jugend ihrer Mutter weiß, nichts über die Träume. Es hat sie auch nie interessiert. Sie hat sich mit dem ordentlichen Lebenslauf der Mutter zufriedengegeben, mit dem, was war. Banklehre, Schalterdienst, Kasse – und Schluss. Museumbesuche, gewiss. Galerieausflüge, natürlich. Aber kaum Konzerte. Niemals die Oper. Simone hat sich nur mit dem eigenen Leben beschäftigt, dem eigenen Fortkommen. In dem Maße, in dem sie wuchs, war die Mutter in ihren Augen geschrumpft, war kleiner geworden, unwichtiger, ein allmählich verblassendes Bild. Bis heute. Bis zu diesem Weihnachtsgottesdienst, in dem sich die Mutter zurücksingt in Simones Leben. Sie gibt Rätsel auf. Sie ist eine faszinierende schöne Frau. Sie ist achtzig. Hier bin ich. Sieh mich an.

Simone schaut auf die linke Hand der Mutter, die nun wieder auf dem Rollator liegt. Eine elegante, weiche Altfrauenhand, sorgfältig manikürt. Die Hand zittert ein wenig. Langsam, sachte, schiebt Simone ihre Hand in die der Mutter. Die Mutter stutzt und greift dann fest zu. Ihre Hand ist weich und warm und fest zugleich. Sie wendet langsam den Kopf und schaut Simone an. Ihre Augen sind noch immer grün, die Ränder leicht gerötet, und ihr Blick ist so liebevoll, dass es Simone den Atem verschlägt. Sie verpassen die nächsten Zeilen des Liedes. Sie verpassen auch das Schlussgebet und hören den Segen wie aus der Ferne. Aber dann besinnen sie sich, sie lächeln sich an, sie nicken einander zu, auffordernd, bestätigend und stimmen beide mit ein, in das neue Lied, das letzte Lied dieses Weihnachtsabends, das sie beide, das alle besonders lieben:

»Oh, du fröhliche!«

Drei Strophen.

Und dabei halten sie sich weiterhin an der Hand.

Kate Chopin
Madame Martels Weihnachtsabend

Madame Martel war allein im Haus. Selbst die Bedienten hatten sie unter dem einen oder andern Vorwand verlassen. Es war einerlei, alles egal.

Sie war eine grazile, blonde Frau und ganz in Trauer gekleidet. Als sie so dasaß, ins Kaminfeuer schaute, in der Hand einen alten Brief hielt, den sie wiedergelesen hatte, wurde ihr ohnehin schwermütiger Gesichtsausdruck durch unmittelbare, lebhafte Erinnerungsbilder noch zerquälter. Tränen stiegen ihr unaufhörlich in die Augen, und sie tupfte sie ohne Unterlaß mit einem schwarz eingefaßten batistenen Taschentuch ab. Von Zeit zu Zeit wandte sie sich dem Tisch neben ihr zu, zog unter einem Stapel Briefe eine alte Photographie hervor, betrachtete selbstvergessen mit verweinten Augen das Bild und drückte die Schluchzer hinunter, die sie mit dem auf dem Mund gepreßten, schwarz umrandeten Taschentuch zurückzuhalten suchte.

Der Raum, in dem sie sich aufhielt, wirkte mit dem offenen Kamin und der eleganten traditionellen Möblierung, die von Geschmack wie von Wohlbehagen und Wohlstand zeugte, freundlich. Über dem Kamin hing das Porträt eines sympathischen, gutaussehenden Mannes in der Blüte seiner Jahre.

Aber Madame Martel war allein. Nicht nur die Dienstboten, auch ihre Kinder waren fort. Anstatt die Festtage zu Hause zu verbringen, hatte Gustave die Einladung eines College-Freundes angenommen, über die Weihnachtstage nach Assumption zu fahren, denn er wußte, daß es seine Mutter zu dieser Zeit vorzog, allein zu bleiben, und respektierte diesen Wunsch.

Adélaïde, seine ältere Schwester, war wie üblich drüben an der Iberville Street, um mit der Familie von Onkel Achille zu feiern, bei der es jahraus, jahrein ausgelassen zuging. Und sogar die kleine Lulu war glücklich, einige Tage der beklemmenden Atmosphäre zu entrinnen, die mit jedem Advent bei ihnen zu Hause einkehrte.

Madame Martel gehörte zu jenen Frauen – keine Seltenheit unter den Kreolinnen –, die in ihrem Schmerz völlig aufgingen. Die meisten Leute fanden es seltsam ergreifend, daß sie seit dem Tod ihres Gatten vor sechs Jahren Trauer trug und bisher nicht die Absicht gehabt hatte, sie abzulegen.

Mehr als eine Frau hatte denn auch heimlich beschlossen, im Falle eines vergleichbar schmerzlichen Verlustes ihr eigenes Witwendasein ganz nach diesem Muster zu modeln. Und manch ein Mann war der Ansicht, dem Tod wäre halb der Stachel genommen, wenn er die Gewißheit in den Tod mitnehmen könnte, so getreulich, so unerschütterlich betrauert zu werden, wie Madame Martel ihren verstorbenen Gatten betrauerte.

Vor allem zur Weihnachtszeit überließ sie sich rückhaltlos ihren peinigenden Erinnerungen und gab sich einem geradezu trunkenen Schmerz hin. Denn ihr Gatte war von fröhlicher Wesensart gewesen – die Kinder schlugen ihm nach –, und oft hatte sie den Eindruck gehabt, ihm sei Weihnachten vor allem als Vorwand willkommen, nur seinem eigenen jungenhaften Übermut freien Lauf zu lassen. Tausend Bilder auferstanden vor ihrem geistigen Auge. Sie konnte wieder sein strahlendes Gesicht sehen, sein schallendes Lachen hören, wenn er sich in die Glückseligkeit der Kinder teilte am Weihnachtstag, der nach und nach seine Freuden offenbarte.

Im Zimmer war es jetzt schwül geworden, denn draußen war es keineswegs kalt – kaum kalt genug für das Feuer, das im Kamin prasselte. Madame Martel stand auf und schenkte sich ein Glas Wasser ein. Sie hatte einen ausgetrockneten Mund, und der Kopf begann zu schmerzen. Der Krug war schwer, und beim Eingießen zitterte ihre schmale Hand ein wenig. Sie ging im Schlafzimmer ein sauberes trockenes Taschentuch holen und erfrischte sich das erhitzte, gerötete Gesicht, indem sie es leicht mit *poudre de riz* betupfte.

Sie war tief bewegt und benommen. Sie hatte in Gedanken so beharrlich bei ihrem Gatten verweilt, daß es ihr war, er müsse bei ihr im Haus sein. Es war ihr, als habe sich das Rad der Zeit rückwärts gedreht und ihr wiedergegeben, was ihr rechtens zustand. Ginge sie jetzt ins Spielzimmer hinüber, sie würde den in Kerzenglanz erstrahlten Christbaum vorfinden, gerade wie an jener letzten Weihnacht, da er noch unter ihnen weilte. Ja, er würde dort sein und die kleine Lulu in den Armen halten. Sie konnte beinah ihre Stimmen und das Trippeln der Füßchen hören.

Nun schlug sich Madame Martel, auf der die Erinnerungen zum Ersticken schwer lasteten, einen leichten Schal um die Schultern und trat auf die Galerie hinaus, wobei sie die Balkontür halb offen ließ. Fahles Mondlicht, das eher einem geheimnisvollen Schleier glich, hüllte die Landschaft ein. Durch den wildwuchernden üppigen Garten hindurch konnte sie die Lichter der nahen Stadt sehen. Von irgendwoher erreichten sie Fetzen von Musik, gelegentlich ein freudiges Jauchzen, Lachsalven; jemand blies unweit hingegeben auf einem Horn.

Langsam und mit gleichförmigen Schritten ging sie auf und ab. Am Ende der Galerie, gegen Süden hin, wo an überhängenden Ranken Rosen blühten, die der Frost bis anhin verschont hatte, hielt sie inne, blieb stehen und schaute in die dunklen Tiefen der Nacht, die ihr als ein Abbild ihres eigenen Daseins vorkam. Ihr tiefer Gram von ehedem war gewichen, aber ein Gefühl unendlicher Einsamkeit hatte sich auf ihre Seele herabgesenkt.

Ihr Gatte war für immer von ihr gegangen, und jetzt schienen gar die Kinder wegen mangelnder Zuwendung ihr allmählich zu entgleiten. Vielleicht lag das in der Natur der Dinge; sie vermochte es nicht zu sagen; es war kaum zu ertragen, und plötzlich begann ihr Herz wild zu schlagen und nach der Gesellschaft eines Menschen zu dürsten – danach zu verlangen, Liebe zu schenken.

Lulu war nicht weit, am andern Ende der Stadt, etwa eine Meile entfernt. Sie war bei alten Freunden ihrer Mutter in einem großen gastlichen Haus voller Kinder und voller Überraschungen für die Festtage.

Als sie sich vergegenwärtigte, wie leicht erreichbar Lulu war, überkam Madame Martel der Wunsch, ihre Tochter zu sehen, die Jüngste wieder bei sich zu haben. Sie wollte sich selber unverzüglich auf den Weg machen und Lulu zurückholen und fragte sich, wie in aller Welt sie es dem Kindl hatte erlauben können, sie zu verlassen.

Diesem innern Antrieb augenblicklich folgend, stürzte Madame Martel die Treppe hinunter und durch die von großen Magnolien gesäumte Gartenallee hinaus auf die Straße. Sie hatte eine gute Strecke auf einem verlassenen Weg zurückzulegen, doch ängstigte sie sich nicht; meilenweit im Umkreis kannte sie jede Seele und fürchtete nicht, belästigt zu werden.

Der Mond schien jetzt heller. Der leichte Nebel hatte sich verzogen, und sie konnte alles rundum klar erkennen: dort, wenige Meter weiter vorn, der mit Brettern belegte Weg; hier das keilförmige Baumwollfeld, an dem sie vorbeimußte und auf dem noch die mageren, dürren Stauden mit vereinzelten zerrupften Baumwollbauschen standen; dahinter, eine Meile entfernt, fuhr ein Zug den Waldrand entlang. Sie konnte ihn nicht hören, wohl aber die schnell vorübergleitende Linie von Lichtern vor dem Hintergrund des dunklen Waldes sehen.

Madame Martel hatte sich jetzt den schwarzen Schal über den Kopf gezogen und glich einer zierlichen Nonne, die in der mondhellen Nacht daherschritt. Einige verspätete Reisende unterwegs zum Bahnhof traten zur Seite, und das Witzeln und Lachen verstummte, als sie an ihnen vorüberging. Man respektierte sie als eine Art geheimnisvolles Wesen; als etwas Unerklärliches, das sehr ernst zu nehmen war.

Der alte Wisdom machte einen tiefen Bückling, als er von den Planken einen Schritt hinuntertrat, um ihr den Vortritt zu gewähren. Er hatte seine Frau bei sich und zog sein Großkind Tildy hinter sich her, das willig Hand in Hand mit ihm ging. Sie waren auf dem Weg zum Bahnhof, um Tildys Mama abzuholen, die heraufgekommen war, um mit ihnen in der Hütte drüben am Rande des Bayou Weihnachten zu feiern.

Durch die offene Haustür eines ärmlichen Hauses hörte sie jemand auf der Geige kratzen und Leute tanzen. Die Musik verletzte ihr feines, musikalisches Ohr, und sie beschleunigte ihren Schritt. Ein Gefährt mit einer ganzen Gesellschaft bog zu einer Mondscheinfahrt in die Landstraße ein. In der Stadt selbst herrschte noch recht viel Betrieb: man begrüßte und verabschiedete sich unter Türen, auf Treppen und Balkonen. Die Luft schien von freudiger Aufregung erfüllt.

Als Madame Martel das große Haus am andern Ende der Stadt erreichte, ging sie geradewegs auf die Tür zu und trat nach einem sachten Anklopfen, das beim lebhaften Stimmengewirr im Innern unmöglich vernommen werden konnte, ein.

Da stand sie nun auf der Schwelle zur geräumigen Eingangshalle, die zum Bersten voll war. Laternen hingen von den mächtigen Deckenbalken herab, die getünchten Wände waren mit Zedernzweigen und Misteln geschmückt. Jemand spielte auf dem Klavier eine beschwingte Melodie, der niemand weiter Beachtung schenkte außer zwei Klosterschülerinnen, die in einer Ecke zusammen Walzer tanzten und damit ihre liebe Mühe hatten. Ältere Damen und Herren schienen alle gleichzeitig zu reden. Eine junge Mutter, die sich das Fest nicht entgehen lassen wollte, versuchte bei dem Lärm vergeblich, ihren Säugling in den Schlaf zu wiegen. Einige Negerjungen lehnten gegen die Wand; ein jeder hielt fest eine Orange in der Hand, die ihm geschenkt worden war. Am deutlichsten aber konnte man die schwatzenden und lachenden Kinder heraushören, und als Madame Martel unter der Tür aufgetaucht war, ließ Lulu mit glühenden Wangen und glänzenden Augen in der Mitte des Raumes eben einen Teller zwirbeln.

»*Tiens!* Madame Martel!«

Mit dem Ausruf: »*Tiens! Un revenant* – dem Geist aus dem Jenseits!« wäre bei den Gästen keine augenblicklich ernüchterndere Wirkung zu erzielen gewesen. Das Klavierspiel erstarb, die Klosterschülerinnen hörten zu tanzen auf, die Erwachsenen verstummten, und den jungen Leuten verging das Lachen; nur den Teller mitten auf dem Fußboden schien es nicht zu berühren, und er fuhr fort zu kreiseln.

Doch die Verblüffung, der Schreck war nur von kurzer Dauer. Schon überfiel man Madame Martel überschwenglich mit Willkommensgrüßen, und ein jeder bestürmte sie: sie solle den Schal ablegen, solle sich setzen und den Säugling angucken, eine kleine Erfrischung zu sich nehmen.

»Nein, nein«, sagte sie in einem leicht mißbilligenden Ton. Sie bitte um Verzeihung ... sie sei nur gekommen, um ... wegen Lulu. Das Kind habe am Morgen vor der Abreise etwas gekränkelt. Sie habe gedacht, es wäre vernünftiger, Lulu zurückzuholen, und hoffe, sie werde sich nicht sträuben.

Ein wahrer Proteststurm brach los! Und Lulu: ein Bild der Verzweiflung. Das Kind war zu seiner Mutter gelaufen und hatte sich bettelnd an sie gehängt, als gelte es, das Leben zu erflehen.

»Natürlich erlaubt dir deine Mama zu bleiben, jetzt, da sie mit eigenen Augen sehen kann, daß du wohlauf bist und dich amüsierst«, versicherte ihr eine vertrauenerweckende korpulente alte Dame mit einem Talent, brenzlige Situationen zu retten. »Deine Mama kann unmöglich so egoistisch sein.«

»Egoistisch!« Daran hatte sie nun wirklich nicht gedacht: lieber wollte sie auch unermeßliches Leid ertragen, als auf Kosten anderer ihre selbstsüchtigen Wünsche durchsetzen.

Sicher, Lulu dürfe bleiben, wenn sie wolle; und sie drückte ihr Kind zum Abschied innig an sich. Aber sie selber ließ sich keine Minute länger aufhalten und lehnte es ab, nach Hause begleitet zu werden. Sie ging, wie sie gekommen war – allein. Kaum hatte Madame Martel der Gesellschaft den Rücken gekehrt, hörte sie, daß die Stimmung wieder aufkam. Das Klavier begann alsbald zu klimpern, und der Lärm erhob sich von neuem.

Der einfache und an sich natürliche Entscheid des Kindes, bei seinen Spielgefährten bleiben zu wollen, gewann auf dem Heimweg in Madame Martels Augen irgendwie einen tragischen Aspekt. Es war nicht so sehr die Tatsache an sich, als die Bedeutung, welche dieser Tatsache zukam. Sie glaubte, die Liebe aus ihrem Leben verbannt zu haben, und wiederholte unaufhörlich vor sich hin: »Ich habe die Liebe verbannt, ich habe sie verbannt.« Und zugleich wähnte sie sich von ihrem geliebten toten Gatten dafür gerügt, daß sie nicht ausschließlich im liebevollen Andenken an ihn Trost suchte und Erleichterung erhoffte.

Es drängte sie jetzt heim zu ihren zerlesenen Briefen, zu ihren Gedanken und Tränen. Wie er, und nur er, sie in ihrem Wesen ganz verstanden hatte; es war ihr, als verstehe er sie in diesem Augenblick, als sei er hier und jetzt bei ihr, da sie durch die Nacht lief, zurück in ihr verlassenes Haus.

Madame Martel hatte, bevor sie ausging, im Salon, wo sie sinnend über ihren alten Briefen gesessen hatte, die Flamme der Tischlampe heruntergeschraubt. Jetzt, da sie die Stufen zum Haus hochstieg, schien ihr der Raum heller als nur von der sterbenden Glut im Kamin beleuchtet zu sein, und sie warf beim Fenster, das auf die Galerie ging, einen Blick hinein.

Sie stieß keinen Schrei aus bei dem, was sie sah. Ein Schreck durchfuhr sie; ihr ganzer Körper verkrampfte sich, und sie tastete blindlings beim Fensterpfosten nach einem Halt. Sie sah, daß die Flamme unter dem Lampenschirm höher gestellt und die Glut zwischen den Feuerböcken zu einem schwach glimmenden Haufen zusammengesunken war. Und dort, vor dem Kamin, in ihrem eigenen Fauteuil saß ihr Gatte. Wie sie ihn wiedererkannte!

Sein Gesicht konnte sie nicht sehen, aber das eine Bein streckte er zum Feuer hin, den Kopf hielt er leicht geneigt und betrachtete reglos irgendeinen Gegenstand in seiner Hand.

Sie schloß die Augen; sie wußte, wenn sie sie wieder öffnete, würde das Traumbild verschwunden sein. Jede Geschichte, die sie je über optische Täuschung gehört hatte, schoß ihr durch den Kopf; alle Tricks, mit denen ein überreiztes Hirn den Menschen zu narren geneigt ist.

Sie wußte, daß sie mit den Nerven am Ende, aus dem Gleichgewicht gewesen und dies nun die Rache ihrer Sinne war: *sie* brachten ihr diese Vision ihres Gatten. Wie vertraut war ihr seine Kopfhaltung, die Stellung des Armes, die Schulter. Und wenn sie die Augen öffnete, würde er nicht mehr da sein, der Sessel würde wieder leer dastehen. Sie drückte die Hände fest auf die Augen – und sah wieder hin.

Der Sessel war nicht leer! Er saß noch dort, hatte das Gesicht nun ganz von ihr abgewendet und auf den Tisch gerichtet, und eine Hand ruhte auf dem Bündel Briefe. Welch vielsagende Geste!

Madame Martel sammelte sich, riß sich zusammen: »Ich werde verrückt«, stammelte sie heiser, »ich sehe Geister.«

Es fiel ihr nicht ein, um Hilfe zu schreien. Hilfe? Wozu? Sie wußte, daß die Hausangestellten ausgegangen waren, und selbst wenn sie dagewesen wären, hätte sie es nicht gewagt, sich in ihrer, wie sie glaubte, krankhaften Gemütsverfassung einem Unwissenden, Uneinfühlsamen anzuvertrauen.

»Ich gehe jetzt hinein«, beschloß sie, »lege meine Hand auf … die Schulter; und es wird vorübergehen, der Wahn wird vorbei sein.«

In ihrer Phantasie durchlebte sie im voraus mit jeder Faser, wie sie ihre Hand auf ein sichtbares, unkörperliches Etwas legte, das dahinschmelzen, sich wie Rauch vor ihren Augen verflüchtigen würde. Ein Schauer durchrieselte sie von Kopf bis Fuß.

Als sie lautlos als dunkle Gestalt in das Zimmer glitt, glich Madame Martel mit ihrem luftigen, feinen Haar, ihren weit aufgerissenen, angsterfüllten blauen Augen weit mehr einem Spuk als die lebensvolle Person in ihrem Fauteuil vor dem Kamin.

Sie kam nicht dazu, ihre Hand auf die Schulter des gespenstischen Besuchers zu legen. Bevor sie beim Sessel angelangt war, hatte er sich umgedreht. Sie taumelte; er sprang auf und schloß sie in die Arme.

»Mutter, Mutter! Was ist? Wird dir übel?« Er küßte sie aufs Haar, auf die Stirn und schloß die Augen.

»Warte, Gustave, gleich wird mir wieder besser.« Sie war totenbleich vor Schreck. Er führte sie zur Liege, holte ein Glas Wasser und setzte sich zu ihr.

»Ich Idiot!« rief er. »Ich wollte dich überraschen und hätte dich damit beinah in eine Ohnmacht gestürzt.« Sie sah ihn voller Zärtlichkeit an, aber aus irgendeinem Gefühl heraus erzählte sie ihm den wahren Grund ihrer Benommenheit nicht.

Wie freute sie sich, ihn zu sehen – ihren großen Sohn von neunzehn Jahren. Wie sehr er seinem Vater in diesem Alter glich! Zu der Zeit, als die Photographie von ihm gemacht wurde; jenes Bild, über dem sie geweint hatte und das Gustave anschaute, als sie ihn im Salon sitzen sah.

»Bist du mit dem Abendzug gekommen, Gustave?« fragte sie ihn gelassen.

»Ja, erst vor kurzem. Ich fand – ach, ich hatte genug von Assumption – noch vom letzten Jahr her. Und es gibt im Grunde nichts Schöneres, als Weihnachten zu Hause zu verbringen.«

»Du hast gefühlt, daß ich dich herbeisehnte, Gustave. Gestehe es, du hast es gefühlt.« Madame Martel hätte gern etwas Telepathie, Übersinnliches – kurz, Okkultistisches daran entdeckt.

»Nein. Es war reiner Egoismus, Mutter. Ich weiß, daß du diese Tage lieber allein verbringst«, sagte er in jenem Ton verhaltenen Respekts, den alle annahmen, wenn von Madame Martels Trauer die Rede war. »Ich bin gekommen, weil ich nicht anders konnte, weil ich es nicht aushielt, fort zu sein. Ich wollte dich sehen, bei dir sein, Mutter.«

»Gustave, du weißt, es wird hier zu Hause nicht lustig zugehen«, sagte sie und rückte näher zu ihm hin.

»Nun, wenn wir nicht lustig sein können, kann uns nichts daran hindern, froh zu sein, Mama.«

Und sie war sehr, sehr froh, als sie ihre Wange an seinen rauhen Jackenärmel schmiegte und seinen herzlichen festen Händedruck spürte.

Jeanette Winterson
Der Geist der Weihnacht

In der Nacht vor dem Christfest, da regte im Haus sich niemand und nichts, denn sogar die Maus war fix und fertig.

Überall lagen Geschenke: eckige mit Schleifen, lange mit Bändern, dicke mit Weihnachtsmannpapier. Und schmale – aufregend wie ein Diamantenarmband oder so enttäuschend wie ein Essstäbchen?

Das Lebensmittelarsenal war aufgestockt, als stünde ein Krieg bevor: Weihnachtspuddings, so groß wie Bomben, sprengten fast die Regale. Datteln in runden Pappschachteln lagen dicht an dicht nebeneinander wie Patronen in einem Munitionsgurt. Draußen, über der Hintertür, hingen die Moorhühner in Formation, sie glichen einem Geschwader Spielzeugkampfflugzeuge. Die Kastaniengranaten waren bereitgelegt. Der Biotruthahn strotzte vor Saft und Kraft – jeder gute Tierarzt hätte ihn wieder zum Leben erwecken können – und hielt neben einem Alufolienberg in Regimentsgröße die Stellung.

»Was für ein Glück, dass sich der Schweinebraten für Dreikönig noch in Kent auf der Wiese tummelt und Fallobst frisst«, sagtest du, während du dich unter Verrenkungen am Küchentisch vorbeischobst.

Ich wankte unter der Last des Weihnachtskuchens, eines Monstrums, das sich ganz wunderbar als Eckstein einer mittelalterlichen Kathedrale geeignet hätte. Du nahmst ihn mir ab und brachtest ihn nach draußen. Die ganze

Herrlichkeit musste irgendwie im Wagen verstaut werden, weil wir am Abend noch aufs Land fahren wollten. Je mehr du hineinquetschtest, desto wahrscheinlicher schien es, dass für den Truthahn nur noch der Fahrersitz übrig bleiben würde. Du passtest überhaupt nicht mehr hinein, und ich musste mir den Platz mit einem geflochtenen Rentier teilen.

»Hackles«, sagtest du.

O nein, wir hatten den Kater vergessen.

»Hackles feiert Weihnachten nicht«, sagte ich.

»Hier, bind ihm das Bündel Lametta um den Korb und steig ein.«

»Wollen wir unseren Weihnachtskrach jetzt schon vom Zaun brechen oder lieber warten, bis dir auf halber Strecke einfällt, dass du den Wein vergessen hast?«

»Der Wein ist unter der Schachtel mit den Knallbonbons.«

»Das ist nicht der Wein, das ist der Truthahn. Er ist so frisch, dass ich seine Kiste zukleben musste, damit er sich nicht rauswühlt wie in einer Gruselgeschichte von Poe.«

»Das ist eklig. Dieser Truthahn hatte ein glückliches Leben.«

»Du hattest auch kein schlechtes Leben, trotzdem habe ich nicht vor, dich zu essen.«

Ich sprang auf dich zu und biss dich in den Hals. Ich liebe deinen Hals. Du stößt mich weg – spielerisch. Ist es Einbildung, dass du mich in letzter Zeit nicht nur im Spiel wegstößt?

Mit einem leisen Lächeln machtest du dich daran, den Wagen noch einmal neu zu beladen.

Kurz nach Mitternacht. Samt Kater, Lametta, blinkendem Baum, Rentier, Geschenken, Essen und meinem Arm – aus dem Fenster hängend, weil sonst kein Platz für ihn war – fuhren wir los, du und ich, aufs Land, wo wir für die Feiertage ein Häuschen gemietet hatten.

Weihnachtlich angeheitert zogen Feiernde durch die Straßen, Luftschlangen schwenkend und das Lied von ihrem ebenfalls rotnasigen Kumpel Rudolph grölend. Du meintest, so spät in der Nacht kämen wir durchs Stadtzentrum schneller voran. Als du an der Ampel auf der Hauptstraße langsam wieder anfuhrst, war mir, als hätte ich aus den Augenwinkeln eine Bewegung wahrgenommen.

»Halt!«, sagte ich. »Kannst du kurz zurücksetzen?«

Die Straße war mittlerweile menschenleer; mit vor Anstrengung jaulendem Motor ging es rückwärts, bis vor BUYBUYBABY, das größte Kaufhaus der Welt, das seine Tore, wenn auch widerwillig, ab Heiligabend um Mitternacht wahrhaftig für geschlagene vierundzwanzig Stunden geschlossen hatte (wobei der Online-Verkauf selbstverständlich weiterging).

Ich stieg aus. Im Schaufenster stand die Weihnachtskrippe, samt Maria und Josef in Skiklamotten und einigen Nutztieren, die gegen die Kälte schottisch karierte Hundemäntel trugen. Gold, Weihrauch oder Myrrhe gab es nicht, die Heiligen Drei Könige hatten ihre Gaben bei BBB gekauft. Dieser Jesus bekam eine Xbox, ein Fahrrad und ein wohnungstaugliches Schlagzeug.

Seine Mutter Maria durfte sich über ein Dampfbügeleisen freuen.

Im Fenster ein Schatten, die Nase gegen die Scheibe gepresst. Ein kleines Mädchen.

»Was machst du da?«, fragte ich.

»Ich bin eingesperrt«, sagte sie.

Ich ging zurück zum Wagen und klopfte an die Scheibe.

»Da ist ein Kind im Laden vergessen worden – wir müssen es rausholen.«

Du kamst mit, um es dir selbst anzusehen. Das Kind winkte. »Sicher gehört sie zum Wachmann«, meintest du stirnrunzelnd.

»Sie sagt, sie ist eingesperrt! Ruf die Polizei.«

Als du dein Handy rausholtest, lächelte die Kleine und schüttelte den Kopf. Irgendetwas an ihrem Lächeln machte mich unsicher.

»Wer bist du?«, fragte ich sie.

»Ich bin der Geist der Weihnacht.«

Ich hörte sie deutlich. Sie sprach deutlich.

»Ich krieg kein Netz«, sagtest du. »Probier du's mal mit deinem.«

Mein Handy war tot. Kein Signal. Wir sahen die seltsam verlassene Straße rauf und runter. Allmählich geriet ich in Panik. Ich rüttelte an der Tür und warf mich dagegen. Abgeschlossen. Keine Putzkolonne. Kein Hausmeister. Es war Heiligabend.

Und wieder die Stimme: »Ich bin der Geist der Weihnacht.«

»Ach, komm weiter«, sagtest du. »Das ist doch bloß ein Werbegag.«

Aber ich hörte gar nicht hin, sah nur das Gesicht im

Fenster, das sich im Sekundentakt veränderte, als tanzte ein Licht darüber hinweg, das es mal verschattete, mal erhellte. Diese Augen waren nicht die eines Kindes.

»Wir sind für die Kleine verantwortlich«, sagte ich leise, aber eigentlich galt meine Antwort gar nicht dir.

»Sind wir nicht«, gabst du zurück. »Los, komm. Ich rufe die Polizei von unterwegs an.«

»Lasst mich raus!«, sagte das Kind, als wir zum Wagen zurückgehen wollten.

»Wir schicken Hilfe, versprochen. Wir finden eine Telefonzelle …«

Das Kind fiel mir ins Wort. »Ihr müsst mich rauslassen. Und stellt ein paar von euren Geschenken und auch was zu essen da vorne in den Eingang.«

Du drehtest dich um. »Das ist doch verrückt.«

Aber das Kind hatte mich in seinen Bann geschlagen.

»Ja«, sagte ich. Wie in Trance ging ich zum Wagen, machte den Kofferraum auf und schleppte Geschenke und Essenstüten in den Eingang des Kaufhauses. Jedes Mal, wenn ich etwas abstellte, hobst du es auf und brachtest es wieder zurück.

»Du bist übergeschnappt«, sagtest du. »Das ist ein Weihnachtsgag. Versteckte Kamera, ich bin mir sicher. Reality-TV.«

»Nein, das ist kein Reality-TV, das ist real.« Meine Stimme schien von weit her zu kommen. »Es ist nichts, was wir kennen, sondern etwas, was wir nicht kennen – aber es ist wahr. Glaub mir, es ist wahr.«

»Na schön«, sagtest du. »Mach, was du willst. Hauptsache, wir können endlich weiterfahren. Da hast du.

Okay? Und da und da.« Damit knalltest du die Sachen vor die Tür, das Gesicht rot vor Müdigkeit und Genervtheit. Eine Miene, die ich nur zu gut kenne.

Die Hände zu Fäusten geballt standest du da, das Kind so gut wie vergessen.

Plötzlich ging das Licht im Schaufenster aus. Und da stand das Kind auch schon zwischen uns auf der Straße.

Ein anderer Ausdruck trat in dein Gesicht. Du legtest die Hand auf die glatte Scheibe, so klar und undurchdringlich wie ein Traum.

»Träumen wir?«, fragtest du mich. »Wie hat sie das gemacht?«

»Ich komm mit euch mit«, sagte die Kleine. »Wo fahrt ihr hin?«

Als wir weiterfuhren, war es schon nach eins. Mein Arm hatte jetzt auch Platz im Auto, und das Kind saß auf dem Rücksitz neben dem schnurrenden Hackles, der aus seinem Korb geklettert war. Ich warf noch einen Blick in den Seitenspiegel, als wir losrollten: Unsere Lebensmittel und Geschenke wurden nach und nach von dunklen Gestalten weggetragen.

»Das sind die Menschen, die in Hauseingängen wohnen«, sagte das Kind, als könnte es meine Gedanken lesen. »Sie haben nichts.«

»Wir werden verhaftet«, sagtest du. »Diebstahl einer Schaufensterdeko. Wildes Müllabladen. Entführung. Fröhliche Weihnachten, Herr Wachtmeister.«

»Wir haben das Richtige getan«, sagte ich.

»Ach ja? Und was genau wäre das?«, sagtest du. »Die

Hälfte unserer Sachen in den Wind schießen und ein verloren gegangenes Kind aufgabeln?«

»Es passiert jedes Jahr«, sagte das Kind. »Jedes Jahr auf eine andere Weise, an einem anderen Ort. Wenn ich bis zum Weihnachtsmorgen nicht frei bin, wird die Welt schwerer. Die Welt wiegt schwerer, als ihr wisst.«

Eine Zeit lang sagte keiner ein Wort. Der Himmel war schwarz, mit Sternen besteckt. In Gedanken sah ich mich dort droben, hoch über dieser Straße, wie ich auf den Planeten Erde hinunterblickte: eine blaue Kugel auf schwarzem Grund, weiße Flecken, Eiskappen an den Polen. Unser Leben und unsere Heimat.

Als ich ein Kind war, hat mein Vater mir eine Schnee-kugel geschenkt, mit der Erde darin und mit Sternen, die man schütteln konnte. Wenn ich im Bett lag, drehte und drehte ich sie, bis ich mit Sternen hinter den Augen einschlief, warm, leicht und geborgen.

Die Welt hat kein Gewicht; schwerelos hängt sie im Weltall, ein Gravitationsrätsel, von der Sonne erwärmt, von Gasen gekühlt. Unser Geschenk.

So lange wie möglich kämpfte ich gegen den Schlaf an, linste schließlich nur noch aus einem zufallenden Auge auf meine stille, sich drehende Welt.

Ich wurde erwachsen. Mein Vater starb. Die Schnee-kugel stand noch bei ihm, in meinem früheren Kinder-zimmer. Als wir das Haus ausräumten, fiel sie mir aus der Hand, und die kleine Erdkugel kullerte aus der schweren, mit Sternen durchsetzten Flüssigkeit. Da weinte ich. Ich weiß nicht, warum.

Wie von selbst war meine Hand, während wir die nächt-

liche Straße entlangrollten, auf die Fahrerseite hinüber-
gewandert und hatte die deine gefunden.

»Was hast du?«, fragtest du sanft.

»Ich musste an meinen Vater denken.«

»Und ich an meine Mutter. Seltsam.«

»Was hast du gedacht?«

Du drücktest meine Hand. Im mattgrünen Schein des
Armaturenbretts blitzte dein Ringfinger auf. Ich erinnere
mich an den Ring und daran, wie ich ihn dir geschenkt
habe. Ich sehe ihn jeden Tag, aber heute sehe ich ihn
wirklich.

Du sagtest: »Ich wünschte mir, ich hätte mehr für sie getan, mehr mit ihr gesprochen, aber dafür ist es jetzt zu
spät.«

»Ihr habt euch nie gut verstanden.«

»Aber warum nicht? Warum kommen so viele Eltern
und Kinder nicht gut miteinander aus?«

»Willst du deswegen nicht, dass wir Kinder haben?«

»Nein! Nein. Die Arbeit … Wir wollten es uns doch
noch überlegen … aber … ja … vielleicht hast du recht.
Warum sollte ich mir wünschen, dass mein Kind mich
hasst? Gibt es nicht schon genug Hass auf der Welt?«

So hast du noch nie geredet. Dein Profil in dem unheim-
lichen grünen Licht, der zusammengepresste Mund. Ich
liebe dein Gesicht. Doch bevor ich es dir sagen konnte,
fuhrst du fort: »Hör nicht auf mich. Daran ist bloß Weihnachten schuld. Weil es doch eine Zeit für die Familie
ist.«

»Ja. Aber warum vermurksen wir uns dann immer alles?«

»Weihnachten? Oder die Sache mit der Familie?«

»Sowohl als auch. Weder noch. Kein Wunder, dass sich die ganze Menschheit in einen Kaufrausch stürzt. Das ist nichts als eine Übersprungshandlung.« Du lächeltest, um mich aufzuheitern.

Ich sagte: »Und ich dachte immer, du freust dich über die Geschenke unterm Baum.«

»Tu ich ja auch, aber wie viele Sachen braucht der Mensch?«

Gerade wollte ich dich daran erinnern, wie du mich vor nicht mal einer Stunde angeschnauzt hattest, als es vom Rücksitz tönte: »Wenn die Welt doch nur ein wenig Ballast über Bord werfen könnte.«

Wir sahen nach hinten. Das grüne Licht im Wagen kam gar nicht vom Armaturenbrett, sondern von dem Kind. Es leuchtete.

»Ob sie wohl auch noch radioaktiv ist?«, sagtest du.

»Wieso auch noch?«

»Na, weil sie … weil sie doch … ich weiß auch nicht, weil sie …«

»Und wenn sie nun tatsächlich das ist, wofür sie sich ausgibt?«

»Sie hat ja gar nicht gesagt, wer sie ist.«

»Hat sie wohl, sie ist …«

»Ich bin der Geist der Weihnacht«, kam es von hinten.

Ich sagte: »Und wenn wir heute Nacht tatsächlich ein unerhörtes Ereignis erleben?«

»Mit einem fremden Kind durch die Gegend zu juckeln, das nicht alle auf dem Christbaum hat?«

»Immerhin schön weihnachtlich.«

»Was?«

»Der Christbaum.«

Du drücktest meine Hand und sahst nicht mehr halb so verkniffen aus.

Ich hätte mit dir gern über die Liebe geredet, dir gesagt, wie sehr ich dich liebe. Dass ich dich liebe wie den Sonnenaufgang, jeden Tag neu, und dass mein Leben durch die Liebe zu dir besser und glücklicher geworden ist. Aber das wäre dir peinlich gewesen, und deshalb schwieg ich.

Du schaltetest das Radio ein. »Hört! Die Engelschöre singen.«

Du stimmtest mit ein: »Gnad und Friede allen Menschen ...«

Du beobachtetest das Kind im Rückspiegel.

»Wenn alles nach Plan läuft«, sagtest du, »müssten wir eigentlich jeden Augenblick dem Weihnachtsmann mit seinem Rentiergespann begegnen. Wie siehst du das, Geist der Weihnacht?«

Die Stimme auf dem Rücksitz sagte: »Hier bitte rechts abbiegen!«

Du bogst ab. Du zögertest kurz, aber du bogst ab, weil man diesem Kind nichts abschlagen konnte.

Im Ausgang der dunklen Kurve gabst du Gas und würgtest den Motor ab.

Vor uns über dem Dach eines wunderschönen Landhauses aus dem 18. Jahrhundert, mit einem Stechpalmenkranz an der Haustür, war ein Schlitten im Landeanflug, gezogen von sechs Rentieren mit mächtigen Geweihen.

Der Weihnachtsmann winkte uns lachend zu. Das Kind

winkte zurück und kletterte aus dem Wagen. Schlösser konnten sie anscheinend nicht aufhalten. Hackles sprang hinter ihr her.

Der Weihnachtsmann klatschte in die Hände. Im ersten Stock des im Dunkeln liegenden Hauses wurde von unsichtbarer Hand ein Fenster aufgeschoben, und drei pralle Säcke plumpsten auf die Erde. Der Weihnachtsmann schulterte sie mühelos und lud sie auf seinen Schlitten.

»Der raubt das Haus aus!«, sagtest du und stiegst aus. »He, Sie da!«

Die Gestalt in Rot kam mit ihren schweren Stiefeln zu uns herübergestapft und rieb sich die Hände.

»Diesen Service können wir nur einmal im Jahr anbieten«, erklärte er dir.

»Was für einen Service, zum Kuckuck?«

Nachdem er sich gemächlich die Pfeife gestopft hatte, blies er blaue Rauchsterne in die weiße Luft.

»Früher haben wir Geschenke gebracht, weil die Menschen nicht viel besaßen. Heute haben alle mehr als genug, sie schreiben uns einen Wunschzettel, welche Sachen wir abholen sollen. Sie machen sich ja kein Bild, was für eine Befreiung es ist, wenn man am Weihnachtsmorgen aufwacht und der ganze Krempel weg ist.«

Der Weihnachtsmann kramte in einem der Säcke. »Sehen Sie? Ein Lockenstab, ein Jahresvorrat an Badesalz, mehr Socken, als es Füße gibt, gebackenen Knoblauch in Olivenöl, der Eiffelturm als Stickvorlage, zwei Porzellanschweine.«

»Und was nun?«, fragtest du, halb wütend, halb verdattert. »Verkaufen Sie die Sachen auf dem Neujahrsfloh-markt?«

»Kommen Sie ruhig mit, wenn Sie wollen, und schauen Sie es sich an«, sagte der Weihnachtsmann.

Er steckte seine Pfeife ein und ging zum Schlitten. Der Geist der Weihnacht und Hackles trotteten hinten-drein.

»He, das ist unsere Katze!«, riefst du – nun bereits unter dem Schlitten. Denn der hatte inzwischen abgehoben.

Der Geist der Weihnacht machte eine hochzufriedene Miene.

Wir sprangen in den Wagen und nahmen die Verfol-gung des Schlittens auf, der über die Felder davonflog.

»Ein Luftkissenfahrzeug mit Raketenantrieb«, sagtest du. »Wo sind wir da bloß reingeraten?«

Wir waren längst nicht mehr auf der kleinen Landstraße unterwegs, sondern rumpelten über einen Feldweg, der den Stoßdämpfern das Letzte abverlangte. Du musstest das Lenkrad mit beiden Händen festhalten.

Der Schlitten landete. Ein paar Minuten später hielten wir neben ihm an.

Wir standen vor einem maroden dunklen Häuschen. Die Dachpfannen waren ins Rutschen geraten, und an der Regenrinne hingen Eiszapfen, genau wie diese elek-trischen, die man zur Dekoration aufhängt, bloß waren diese hier weder elektrisch noch Dekoration. Die Zaun-pfähle rings um das Haus waren mit Draht zusammen-gebunden, das Gartentor wurde von einem Stein zugehal-ten. In der offenen Tür eines ausgedienten Wohnwagens schlief ein alter Hund.

Als er den Kopf hob und losbellen wollte, warf ihm der Weihnachtsmann einen leuchtenden Knochen hin. Zufrieden schnappte er ihn.

Während sich die Rentiere über das Moos in ihren Futtersäcken hermachten, gingen der Weihnachtsmann und der Geist der Weihnacht zum Haus und öffneten die Tür.

»Ist das eine Falle? Wie in *Wenn die Gondeln Trauer tragen*? Will uns da einer an den Kragen?« Du hattest Angst. Ich nicht, weil ich nicht zweifelte.

Der Weihnachtsmann kam wieder heraus, leicht gebeugt unter einem mottenzerfressenen Sack, in der Hand einen Mince Pie und ein Glas Whisky.

»Heutzutage stellt einem kaum noch einer was hin«, sagte er und leerte das Glas in einem Zug. »Aber ich kenne dieses Haus, und die Leute kennen mich. Heute Nacht weichen Schmerz und Not. Einmal im Jahr nur ist mir diese Macht verliehen.«

»Was für eine Macht?«, fragtest du. »Wo ist das Kind? Was haben Sie mit meiner Katze gemacht?«

Der Weihnachtsmann deutete hinter sich, auf das Haus, in dem jetzt das seltsame grüne Licht schimmerte, von dem das Kind begleitet wurde. Sogar aus der Ferne konnten wir deutlich erkennen, dass jetzt eine blütenweiße Decke auf dem Tisch lag. Während die Kleine einen Schinken, eine Pastete und ein Stück Käse daraufstellte, strich unser Kater Hackles schnurrend und mit hoch erhobenem Schwanz um sie herum.

Der Weihnachtsmann lächelte und kippte den Inhalt des Sacks in den Schlitten. Es kamen nur alte, muffige und kaputte Sachen zum Vorschein. Zuletzt kramte er noch die Scherben eines Tellers, eine zerlumpte Jacke und eine kopflose Puppe heraus. Dann war der Sack leer.

Schweigend hielt er ihn dir hin und zeigte auf das Auto. Er möchte, dass du ihn vollmachst, dachte ich. Tu es, bitte, tu es.

Aber ich wagte nicht, es laut auszusprechen. Die Bitte galt dir. Alles galt dir.

Nur ein kurzes Zögern, und schon öffnetest du alle Autotüren und stopftest Geschenke und Lebensmittel in den Sack. Es war nur ein kleiner Sack, aber er wurde und wurde nicht voll, soviel du auch hineinpacktest. Zweifelnd sahst du dir an, was noch übrig war.

»Gib ihm alles«, sagte ich.

Da bücktest du dich hinein und räumtest auch noch den Rücksitz ab. Bis auf das geflochtene Rentier war der Wagen jetzt so gut wie leer. Und so ein albernes Geschenk konnte man wirklich keinem zumuten.

Du gabst dem Mann in Rot, der dich nicht aus den Augen ließ, den schweren Sack zurück.

»Sie haben mir nicht alles gegeben«, sagte er.

»Wenn Sie das Rentier meinen …«

Der Geist der Weihnacht kam aus dem Haus, mit Hackles auf dem Arm. Er leuchtete ebenfalls grün. Ich hatte noch nie eine grüne Katze gesehen.

Das Kind sagte: »Gib ihm, was du fürchtest.«

Die Zeit blieb stehen. Ich wandte den Blick ab, so bang wie in dem Augenblick, als ich dir den Heiratsantrag gemacht hatte, weil ich nicht wusste, wie du antworten würdest.

»Ja«, sagtest du. »Ja.«
Es rumpelte laut, der Sack fiel auf den Boden. Der Weihnachtsmann wuchtete ihn mit Mühe in den Schlitten.
»Wir müssen weiter«, sagte der Geist der Weihnacht.

Wir stiegen ein und fuhren den Feldweg zurück.
Die Erde hatte sich hell mit Raureif überzogen, die Sterne funkelten kalt. Eng aneinandergedrängt lagen die Schafe im Gras. Zwei Jagdpferde preschten am Zaun entlang, mit dampfendem Atem wie Drachen.
Nach einer Weile hieltest du an und stiegst aus. Ich folgte dir. Ich legte die Arme um dich. Hörte dein Herz schlagen.
»Was machen wir jetzt? Wir haben alles verschenkt«, sagtest du.
»Ist gar nichts mehr übrig?«
»Bloß eine Tüte mit Lebensmitteln hinter dem Beifahrersitz – und das hier …« Du nahmst einen folienverpackten kleinen Schokoladenweihnachtsmann aus der Jackentasche.
Wir lachten. Es war aber auch zu lustig. Als wir der Kleinen auf der Rückbank ein Stück abgeben wollten, war sie eingeschlafen.
»Ich versteh das alles nicht«, sagtest du. »Du vielleicht?«
»Nein. Ist noch was von der Schokolade da?«
Während wir uns die letzten Bröckchen teilten, sagte ich zu dir: »Weißt du noch? Als wir uns kennengelernt haben, hatten wir überhaupt kein Geld. Wir mussten unsere Studienkredite abbezahlen, und ich hatte zwei Jobs gleichzeitig, und an Weihnachten gab es Würstchen, weil

wir uns keinen Truthahn leisten konnten. Du hast mir einen Pullover gestrickt.«

»Und ein Ärmel war länger als der andere.«

»Und ich hab dir einen Hocker geschreinert, aus dem Holz der Esche, die die Stadt fällen lassen musste. Den halben Stamm haben sie einfach auf der Straße liegen lassen. Weißt du noch?«

»Und ob, und es war bitterkalt, weil du in diesem schrecklichen Hausboot gewohnt hast und nicht mit zu mir nach Hause kommen wolltest, weil du meine Mutter gehasst hast.«

»Ich konnte deine Mutter gut leiden! Du hast sie gehasst.«

»Ja …«, sagtest du nachdenklich. »Wie viel Leben man doch mit Hassen vergeudet.«

Du drehtest dich um und sahst mich an, ruhig und ernst.

»Liebst du mich noch?«

»Ja, ich liebe dich noch.«

»Ich liebe dich auch, aber ich sage es dir nicht oft genug, oder?«

»Ich weiß es ja. Aber manchmal …«

»Ja?«

»Manchmal kommt es mir so vor, als ob du mich nicht mehr willst. Ich will mich nicht aufdrängen, aber mir fehlt das Körperliche. Die Nähe, die Vertrautheit und ja, alles andere auch.«

Du schwiegst. »Als dieser Typ, der Weihnachtsmann oder was auch immer er war, zu mir gesagt hat, dass ich ihm geben soll, was ich fürchte, fiel es mir wie Schuppen von den Augen. Was, wenn die ganzen Sachen noch im Auto lägen, aber du wärst nicht mehr da? Wenn unser Haus, meine Arbeit, mein Leben, wenn alles, was ich besitze, noch da wäre, nur du nicht? Und da dachte ich: Das ist meine Angst. Das fürchte ich so sehr, dass ich nicht mal daran denken kann, aber die Angst ist immer da, wie ein Krieg, der heraufzieht.«

»Was für eine Angst?«

»Dass ich dich immer weiter von mir wegstoße.«

»Willst du mich wegstoßen?«

Da hast du mich geküsst – so wie früher –, und mir liefen Tränen über die Wangen, doch es waren gar nicht meine, es waren deine.

Wir stiegen wieder ein und fuhren langsam die letzten Meilen bis zu unserem Ziel. Die welligen Dächer des Dorfs waren im Schein des untergehenden Mondes bereits zu sehen. Es würde bald Tag werden.

Am Straßenrand ging eine Gestalt im Kapuzenmantel. Du hieltest neben ihr an und ließest die Scheibe runter.

»Können wir Sie mitnehmen?«

Die Gestalt wandte sich uns zu; es war eine Frau mit einem Säugling auf dem Arm. Sie schlug die Kapuze zurück; sie hatte wunderschöne Züge, kraftvoll und ausdrucksstark, die Haut glatt und klar. Sie lächelte, und das Kind lächelte auch. Es war ein Säugling, aber seine Augen waren viel älter.

Instinktiv sah ich auf den Rücksitz. Der Kater lag zusammengerollt in seinem Korb, doch das Kind war fort.

Über uns am Himmel stand ein scharf gezackter Stern, und im Osten dämmerte es schon.

»Es wird Tag«, sagte ich.

Die Ellenbogen auf dem Lenkrad, stütztest du den Kopf in die Hand. »Ich verstehe überhaupt nichts mehr. Du?«

»Sie ist weg. Der Geist der Weihnacht.«

»Haben wir alles nur geträumt? Liegen wir im Bett, schlafen wir?«

»Komm«, sagte ich. »Dann können wir auch noch das letzte Stück bis zu unserem Häuschen schlafwandeln. Wir haben ja nicht mehr viel zu tragen.«

Die Frau und das Kind waren jetzt vor uns. Sie gingen und gingen und gingen.

Wir stiegen aus. Du nahmst meine Hand.

Früher hatten wir alles wahrgenommen – das Wasser, das sich auf dem beerentragenden Efeu sammelte, die Misteln in den dunklen Armen der Eiche, die Scheune mit der Eule unterm Dach, den Rauch, wie eine aus Reisigfeuern sich emporkräuselnde Nachricht, die ewige Dauer der Zeit und uns selbst als Teil davon.

Warum hatten wir uns angewöhnt, von Tag zu Tag zu hetzen, wo doch jeder Tag alles war, was wir besaßen?

Die Frau ging noch immer vor uns her, die Zukunft auf dem Arm, das Wunder. Das Wunder, das die Welt neu gebiert und uns eine zweite Chance gibt.

Warum verliert sich das Wahre, das Wichtige so leicht zwischen Dingen, die fast gar keine Bedeutung haben?

»Ich mache den Kamin an«, sagte ich.

»Später«, sagtest du. »Erst möchte ich noch mit dir ins Bett schlafwandeln.«

Wie scheu du warst. Du bist so stark, aber diese Scheu

erkenne ich wieder. Ja. Und noch einmal ja. Im Schlafen oder im Wachen. Ja und ja.

Draußen läuteten, über die nebelgepflügten Felder hinweg, die Glocken Weihnachten ein.

Urs Faes

Weihnacht am See

Ein Märchen

Leicht würde es nicht sein. Allein. Ausgerechnet in der Adventszeit.

Allein unterm Baum. Oder gar ohne Baum? Allein an diesem Abend, ohne die vertrauten Stimmen.

Auch ohne Geschenke, wenigstens das.

Das war ihr grad recht, eine Erleichterung, nicht überlegen zu müssen, wem sie was schenken könnte. Keine Karten schreiben. Niemanden bescheren müssen. Aber sie würde auch nichts bekommen, nichts würde unterm Baum liegen. Warum überhaupt einen Baum? Für sich brauchte sie keinen. Also kein Baum. Ein Spaziergang vielleicht, draußen gab es auch Grün, Bäume und Hecken.

Jetzt war sie da.

Sie kannte das kleine Dorf, die ockerfarbenen Hügel, die Allee am Ufer entlang, die auch im Winter sommerlich war, Laub aus dem Spätherbst tänzelte im Dezemberwind, still die Wege, die Dorfstraße, die Piazza mit dem Kiosk und der Bar, wo sich alle trafen, zum Reden und Tratschen und Politisieren. Auch an Weihnachten?

Es gab Zeitungen, Brot, was zum Essen. Brauchte sie mehr? Nein. Kein üppiges Festessen, keine Pasteten, keine Gans, hin und wieder einen Kaffee, ein paar Worte.

Man wusste, wer sie war, kannte sie, die aus dem Norden angereiste Fremde, die immer mal wieder sich einfand, die man achtete im Dorf, freundlich grüßte, aber nicht mehr. Und sie kannte die Namen der Dorfbewohner, wechselte mal mit diesem, mal mit jenem ein Wort, einen Händedruck, ein Lächeln.

Die Stille bei der Ankunft war größer, als sie erwartet hatte, auch von Weihnachten kaum etwas wahrzunehmen, kein Weihnachtsschmuck in den Straßen. Dafür fehlt uns das Geld, hatte Annamaria vom Kiosk gesagt. Uns fehlt nicht nur das Geld, uns fehlt alles, hatte Gismondo nachgeschoben und die leere Hosentasche nach außen gestülpt. Sie hatte zugestimmt. Nichts hören von Silberflitter und Kerzenzauber.

Ein stilles Land, hatte sie gedacht. Sie hätte sich nicht im Weihnachtsrummel tummeln, nicht den Überdruss teilen, von dem alle sprachen, sich nicht unter das Gedränge in den Straßen mischen wollen, die überfüllten Geschäfte, die genervten Verkäuferinnen, überhaupt, die Geschenke, die Besuche, die Familie, Freunde – Gänge und kaum Freundlichkeit. Aber alle machten mit, in Verdrossenheit und freudloser Pflicht.

Hier sprach kaum einer über Geschenke, nicht mal über Weihnachtsschmuck. Wir haben kein Geld, weder für Tannenbäume noch für Geschenke. Fest der Freude bei klammem Beutel? Das hatte Maddalena gefragt, die Blumenfrau, die Jahr für Jahr ihr Haus üppig geschmückt hatte, Lichtgirlanden die Fassade hinunter, blinkende Kerzen, auf den Simsen Tannenreisig. Dieses Jahr nichts. Keine Weihnacht am See. Das hatte Aldo gesagt, Friedhofgärtner und Hauptwachtmeister der freiwilligen Feuerwehr. Selbst Romal hielt seine Bar frei von Weihnachtsschmuck, schichtete nur wenige Panettone auf, weniger als in andern Jahren, schwierige Zeiten eben. Krisenzeiten in Südeuropa. Siamo in crisi, war in allen Köpfen. In den Herzen, auch in den Herzen derer, die darüber nicht sprachen.

Es würde still sein im Haus, im Dorf, kaum weihnachtlich.

Das konnte ihr nur recht sein. Niemand, der nachfragte, wissen wollte, warum sie so ganz allein war, gerade jetzt.

Wo waren der Mann, die Freunde?

Sie war allein, zum ersten Mal seit Jahren, wirklich allein.

Auch die Bar würde schließen, der Kiosk, der Tabacchi.

Sie hoffte, es würde ein Tag wie jeder andere sein. Und die Freude?

Es war ein sonniger Tag, der 24. Dezember; die angereiste Fremde dachte an Frühling, nicht an Weihnachten. Genoss das. Sie dachte nicht an die Weihnachtsbäume aus Kinderzeiten, aus den Jahren ihrer Ehe. Nicht an Streit, fettes Essen und falsch gewählte Geschenke.

Sie las, sie hörte Musik.

Am späten Nachmittag ging sie zum See, eine frühe Dämmerung, Abendrot, der Himmel in sattem Blau, Stille, in der Allee das Laub unbewegt, der See ohne Wellen, lautlos auch ihre Schritte.

Und dann das. Was? Ein Laut, kaum ein Laut, ein Summen, leises Wellenschlagen, dann Lichter auf dem Wasser, eine Lichterkette, fern und flackernd, Boote zweifellos, das sah sie jetzt, langsam herangleitend, im Schneckentempo in die blaue Dämmerung hinein.

Sie spähte hinaus, erkannte die Boote mit den Leuchtfackeln; im Bug des vordersten eine aufrecht stehende Gestalt mit wehendem rotem Mantel. Der Babbo Natale, rief eine helle Kinderstimme hinter ihr; der Weihnachtsmann kommt. Und lauter jetzt das Summen, Brummen, Raunen von den Booten her, Männerstimmen, die tremolierend ins Schlagen der Ruder einfielen. Selbst der Mond spielte mit, leuchtete hell über den Hügeln, warf seine Lichterbahn auf das Wasser.

Und jetzt entdeckte sie auch die Menschen, die aus allen Richtungen zum Fischerhafen strömten; ganz vorn am Wasser hielten zwei von ihnen ein Transparent hoch: Benvenuto Babbo Natale.

Unendlich langsam glitten die Boote mit ihren brennenden Fackeln in den Hafen hinein, Kinder klatschten in die Hände, rannten nah ans Ufer, dem sich das Boot nun näherte. Der Weihnachtsmann zupfte seinen Bart zurecht, schwang dann einen Jutesack über die Schulter, winkte den Kindern zu, die ihre Hände erhoben, mit großen Augen auf den bärtigen Mann im roten Mantel starrten. Dicht gedrängt standen jetzt die Menschen am Ufer, immer mehr strömten herbei, winkten zu den Booten hinaus.

Sie staunte, die angereiste Fremde, trat nun auch näher, erkannte Romal von der Bar, Aldo, Annamaria vom Kiosk, aber auch Emilia und Teresa von der Eisdiele Polo Nord, im Rollstuhl Sandra mit Kopftuch, und Enrico,

Maurer und Messdiener im schwarzen Mantel, Giorgio, der Katzenjäger, Ottorino, der Händler für Jagdutensilien. Alle hatten sich zur Ankunft des Weihnachtsmannes eingefunden. Applaus brandete auf, als sein Boot gegen die Uferböschung stieß und er an Land sprang, mitten unter die Kinder. Auch die Boote mit den brennenden Fackeln glitten heran, die Männer darin stimmten nun laut das Lied von der Weihnacht an, brummig und herzhaft. Und aus der Menschenmenge hörte man jetzt eine Flöte und eine Violine; sie hatten die Melodie aufgenommen, die über die Köpfe hinweg ins Wellenrauschen des Sees fiel. Eine Gasse öffnete sich, die Schlachtersfrau Adele ließ ihre Finger über die Flöte springen, so flink wie sie unter der Woche die Lammstücke tranchierte, Jasmina führte den Bogen über die Saiten. Alle lauschten.

Der Weihnachtsmann stellte seinen Jutesack in den Sand, nickte den umstehenden Kindern zu. Dann griff er mit seiner Pranke hinein und begann damit, Nüsse zu werfen, erst zu den Kindern, dann in die Menge.

Als der Weihnachtsmann die letzten Nüsse aus dem Sack geschüttet hatte, wurde es für einen Moment still, nur das Flackern der Fackeln knisterte; und eine Möwe schrie.

Die hinkende Maddalena vom Blumenladen streute rote Blüten von den unverkauften Weihnachtssternen über den Weg. Jasmina spielte mit der Violine jetzt das Lied von der stillen Nacht. Und alle summten mit: Männer, Frauen, Kinder.

Als die Melodie im Schilf verklungen war, applaudierten alle, reichten sich die Hände, wünschten sich ein frohes

Weihnachtsfest: Buon Natale. Einige umarmten sich. Der Hund des Postboten kläffte zur Mole hinaus und schreckte die andächtig lauschenden Enten und Fische auf.

Auch der angereisten Fremden wurden Hände gereicht und Nüsse zugesteckt. Emilia und Teresa teilten Gebäck aus, als sei es die Speisung der Fünftausend, Brot und Fisch im Mürbeteig.

Langsam bildete sich ein Zug, die Violine und die Flöte voran, der Babbo Natale mit Stock und leerem Jutesack hinter ihnen. Aldo, der Friedhofsgärtner verteilte Mistelzweige, was Isidoro gleich zum Anlass nahm, seine Nachbarin Lea heftig zu küssen, die ihm allerdings einen unweihnachtlich heftigen Stoß versetzte.

Langsam glitt der Zug auf den Dorfplatz zu, wo nun auch vom Uhrturm Lichter prangten. Und die einzige Zypresse, welche die Gluthitze des vergangenen Sommers überlebt hatte, trug jetzt eine bunte Lichterkette.

Die angereiste Fremde war längst keine Fremde mehr, sondern eine, die verwundert mitzog mit der Menge, mit den Dorfbewohnern lachte und nicht an das dachte, was in ihr an diesem Tag zuhause Schwermut und Vergangenheitsmelancholie hervorgerufen hätte.

Sie fragte sich nicht, in was sie da hineingeraten war, wunderte sich auch nicht über die Musikband, die sich auf dem Dorfplatz aufgebaut hatte. Die Grillschwaden zogen auch über sie hinweg. Melinda vom Tabacchi bot neben ihrem Tabak auch Selbstgebackenes zum Kauf an, Zimtplätzchen. Die Bäckersfrau Laura, die ihre Zahnlücke auch zu Weihnachten nicht geschlossen hatte, strahlte über den Brötchen, die sie endlich noch loswurde und zu Wurst und Huhn auf die Kartonteller schichtete.

Adele und Jasmina stellten sich neben die Cellospielerin, die dick vermummt an ihrem Instrument lehnte; neben ihr ein Mann in Russenmütze an der Elektrogitarre. Das Wummern der Lautsprecherboxen machte klar, dass das Fest seinen Fortgang nahm: die stille Nacht wurde laut.

Eine Lichterkette, an der zwar einige Lampen ausfielen, Wackelkontakt oder Glühbirnenausfall, eine uralte Nachttischlampe mit grünem Schirm (rasch vom Nachttisch der schlafenden Nonna geholt) warfen etwas Licht auf die Notenblätter. Ein Sänger sorgte für Stimmung, begrüßte das Publikum zum Weihnachtsball auf dem Dorfplatz, zum Fest der Freude. Mehrere Feuer brannten in kleinen Schalen. Darum herum bewegten sich die Dorfbewohner, Kinder und herumstreunende Einzelgänger, Liebespaare und Dorfhunde. Süßigkeiten lagen auf den Tischen, Lebkuchen, Marmelade; Würste brieten feierlich auf einem Grill, im Kessel dampften Gnocchi. Dazu passte das Lied von Paolo Conte: *Pasta Diva.* Der Sänger animierte mit heiserer Stimme, klaubte alte Canzoni aus der Erinnerung, de Gregoris *La Casa di Hilde,* das Lied von der Weihnachtsfeier, Natale, und das von den Raggi di sole, die hinter den Hügeln verschwunden waren, der allabendliche Sonnenuntergang in Orange.

Kinder tanzten um das Feuer, Isidoro hielt nach einer Tänzerin Ausschau, andere standen in Gruppen, wiegten den Körper zum Takt, tänzelten über den grauen Asphalt. Die Steuerberaterin Marta hakte sich bei der Kioskfrau Annamaria unter; man redete, traf Verabredungen, kaute Wurst, teilte ein Bier, Ausgelassenheit kam auf, obwohl kaum einer ein gutes Jahr hinter sich hatte. Man war in der Krise, schlug sich vorwärts, auch mit kalten Gliedern und der Schusswunde von der Jagd. Kaum noch Fremde, die an den See kamen, bei Romal in der Bar bestellten die Einheimischen ein einziges Glas Wasser und plauderten darüber den ganzen Abend; die Cornetti verspeiste der Hund, schlechte Geschäfte dorfüberall.

Der Sänger tröstete mit Lucio Battistis Lied von der Marie-Lou, die immer hinter dem Glück herrannte, und es doch nicht schaffte. Ja, das kannten sie, das Misslingen und Darben, aber Schwamm drüber, man hatte das Jahr überlebt, konnte noch eine Wurst verzehren, auch wenn sie staubtrocken, das Bier ohne Schaum und der Ehemann ein Duckmäuser war, der Gendarm schon wieder eine Achtzehnjährige geschwängert hatte, und das junge Mädchen in der Bäckerei unterbezahlt und dennoch freundlich war, während ihre Chefin, Laura, am Salz und so sehr an der Heizung sparte, dass selbst die Lebkuchenherzen fröstelten. Alles immer ein wenig daneben, der Sänger wusste warum, dröhnte mit Vasco Rossi: *Sono in coma.* Das waren alle hier, in diesen Zeiten, die schlecht waren und immer schlechter wurden. Aber die Lichter an der Zypresse blinkten feierlich, auch wenn das eine und andere Birnchen ausfiel. Man hatte Würste und Bier und die Hoffnung auf bessere Zeiten. Und überhaupt, der Himmel war voller Sterne, Romal hatte über der Bar das Bild eines Weihnachtsmannes, eines dicken Babbo Natale mit fassadenlangem Bart, aufgehängt, der mit den blinkenden Augen einer Baulaterne seine Tanti auguri, die Glückwünsche für alle, als roten Schein über den Platz warf, wo Jasmina an der Violine als Intermezzo eine Bachsonate gab und so auch ein bisschen Hochkultur auf den Dorfplatz trug. Das gab Anlass, nochmals ein Weihnachtslied anzustimmen, fröhlich war ja nun die Weihnachtszeit. Der Babbo Natale vom See schritt im roten Mantel als Verheißung zwischen den Menschen, auch wenn sein Jutesack leer war.

Der Mann am Grill, mit Fett im Haar, bat darum, seine letzten Würste, die sich schon saftlos wanden, doch endlich noch zu verzehren, bevor sie zum Trockenfutter degenerierten, ein Nächstehilferuf gewissermaßen, Pronto intervento sociale am Grill.

Der Sänger intonierte das Lied von der Liebe des Fischers und dem Mädchen, von der Gitarre und vom Meer. *Voglio andare al mare* sang er jetzt im Schein von Nonnas Nachttischlampe. Nein, das müssten sie nicht, der See war schöner und ohne Quallen. Jetzt tanzten auch die Alten vom Club der Seefischer, Isidoro und Aldo mit Emilia und Teresa, deren Arm sich seit dem Unfall mit dem Kartoffelsack weiter versteift hatte. Die Gemüsefrau Lea drehte mit der Blumenhändlerin eine Runde, zeigte, wie Grün sich zu Grün gesellte und auch im Winter einen Frühling ahnen ließ, trotz unverkaufter Christrosen im Fenster. Vom nahen Feld eilten jetzt auch die Schafhirten herbei, die vom Fest Kunde bekommen hatten. Von Primavera sang jetzt auch der Canzoniere, von Rosen und

Mimosen, die Grillen hörten mit und bedauerten, dass ihre Saison noch nicht gekommen war, die Katzen krochen aus den Tonnen, mit Fischgräten im Hals, die Hunde hofften auf die letzten Würste und bissen schon mal den Gendarmen vom Dienst in den Unterschenkel. Das gab ihm dienstfrei und Gelegenheit zur Jagd. Und ein Leberleiden hatte er ohnehin: *Fegato, fegato spappolato.* Auch ein Lied von Vasco Rossi.

Und als Jasmina in einem weiteren Intermezzo das *Kyrie eleison* strich und alle zum Summen brachte, schien das wie geplant für den Auftritt des kranken Padre und seines Messdieners. Der Lärm hatte sie aus der Stube neben der Kirche zum Fest gelockt. Da der Padre aus Alters- und Krankheitsgründen ohnehin keine Mitternachtsmesse lesen würde, waren ihm ein paar Worte an seine Gemeinde gerade recht. Alle traten zur Seite, Isidoro geleitete ihn zum Podest der Musiker, der Sänger verneigte sich, Jasmina und Adele grüßten mit einem Knicks.

Der Padre räusperte sich, sprach dann vom Fest der Freude, das Weihnacht bedeute. *Gaudete*, rief er ins Mikrofon, freut euch.

Der Messias sei heute geboren zum Frieden auf Erden. Er überbringe den Himmelsgruß und den Friedensgruß. Sie sollten bleiben in der Einfalt des Glaubens, die Franz von Assisi gelehrt, der hier geschlafen und auf der Insel einen Wolf erlegt habe.

Der Padre schwieg. Jasmina spielte die Violine.

Und jetzt, sagte einer, spreche noch der andere Franz. Er drehte sein Transistorradio an, wo Papst Franziskus im römischen Dom seine Weihnachtsmesse hielt. Der Papst sprach von der Zärtlichkeit des Himmelsfürsten den Menschen gegenüber und von der notwendigen Zärtlichkeit der Menschen untereinander. *Tenerezza*, wiederholte er, *fra di voi*, auch für die Armen, das bedeute Weihnacht, das Fest der Freude und des Friedens.

Da nickte das ganze Dorf dem unsichtbaren, fernen Papst zu, das hatten sie hier am See, und auch der See war voller Zärtlichkeit, ruhig und ohne Wellen.

Die angereiste Fremde ging, gutgelaunt, ohne schmerzende Weihnachtsmelancholie, am See entlang ins Haus, während die Musik weiter durch die Nacht klang: vom Himmel und den Sternen, die jetzt tatsächlich über See und Insel waren. Und dazu passte das Lied, das nun über Dorf und Allee als Urbi et Orbi schallte: *Vivere in una favola* – leben in einem Märchen.

Carsten Henn

Die Bibliothek des allgemeinen und praktischen Wissens

Es war der zweite Weihnachtstag, als ich in die alte Heimat fuhr, um alten Gesichtern mein altes Gesicht zu zeigen.

Ich wähle nie das erste Abteil von der Wagentür aus, denn bei diesem ist die Chance zu groß, dass sich auch andere hineinsetzen. Stattdessen wähle ich das dritte oder vierte. Nach Möglichkeit eines, bei dem keine Reservierungsschildchen in den dafür vorgesehenen durchsichtigen Schubfächern stecken.

Es waren so viele Plätze leer, dass ich mich fragte, ob ich in den falschen Zug gestiegen und der Bahnhof dessen Endstation war. Aber dann hörte ich ein Geräusch hinter mir, es war das eines sich verkantenden Koffers. Ich betrat schnell das neben mir liegende Abteil, denn es ist mir äußerst peinlich, im Weg zu stehen.

Erst als ich saß, in Fahrtrichtung auf dem mittleren Platz, weil dieser die Chance vergrößert, dass sich niemand neben mich setzt, fiel mir auf, dass dieses Abteil doch nicht leer war. Mir gegenüber, ebenfalls auf dem Mittelplatz, befand sich ein Fahrgast. Keiner aus Fleisch und Blut, sondern aus Papier und Leim. Vier Bücher, prachtvolle, schwere Bände, akkurat übereinandergelegt.

Sie schienen die Morgensonne zu genießen, deren Strahlen genau auf den von ihnen gebildeten Stapel fielen und die goldgeprägten Einbände glänzen ließen. Die dunkelroten Jugendstil-Buchkanten schienen die Maserung von Bäumen nachzuahmen.

Ich sah nach oben ins Gepäcknetz, um die anderen Habseligkeiten des Besitzers dieser Bücher auszumachen, aber dort befand sich nichts.

Der Zug fuhr ruckend an, die Bücher drohten kurz das Gleichgewicht zu verlieren, hielten sich dann aber mit bemerkenswerter Grazie aufrecht.

So ging es die nächsten vier Bahnhöfe, während ich die Abteiltür die ganze Zeit im Blick behielt, neugierig, wem dieser Schatz wohl gehörte. Immer wieder erschienen Fahrgäste, viele davon mit Weihnachtsgeschenken unter dem Arm oder in prallen Tüten, aber niemand trat ein.

Nach dem fünften Bahnhof lehnte ich mich zögerlich vor und nahm mit pochendem Herz den obersten Band vom Stapel. Man konnte ihm anfühlen, dass er schon oft in die Hand genommen worden war. Die leichten Einbuchtungen waren nicht zu sehen, aber meine Finger erspürten sie, denn sie glitten an diese Stellen wie in Handschuhe. Der Band wog sicher über drei Kilo und auf seinem Einband stand »Bibliothek des allgemeinen und praktischen Wissens«. Als ich ihn aufschlug, entdeckte ich den vielversprechenden Untertitel: Zum Studium und Selbstunterricht in den hauptsächlichsten Wissenszweigen und Sprachen.

Der Band stellte sich als Nummer zwei von sechs heraus, was bedeutete, dass zwei mit der Zeit abhandengekommen sein mussten. Vielleicht fuhren sie gerade in einem Zug nach Venedig oder hatten einen Richtung Nordkap genommen. Oder waren sie ursprünglich zu sechst in

dieser Bahn gewesen und jeder Gast, der ihnen gegen-
übersaß, hatte einen mitgenommen?

Es stellte sich heraus, dass diese kleine Bibliothek kein
Lexikon war, sondern Artikel zu Themen enthielt, die
sich im Leben als nützlich herausstellen mochten. In meinem Band waren dies Kontorwissenschaft, Kaufmänni-
sches Rechnen, Warenkunde und Technologie sowie
ein Lehrgang in Stenografie (nach dem System Gabels-
berger wie dem von Stolze-Schrey). Obwohl mich Stenografie schon immer faszinierte, schlug ich die Warenkunde auf, denn dort wurden neben Nahrungsmitteln,
Fetten und Drogen unter anderem auch Edelsteine be-
sprochen.

Plötzlich verharrte ich, denn in leuchtendem Rot standen an einem Seitenrand drei Sätze. »Warum sollte man
einen Regenbogen-Achat in eine Uhr verwandeln? Ich
habe genau das vor kurzem gesehen! Ein solcher Stein
ist zeitlos, warum ihn mit einem Zeitmesser beleidi-
gen?« Die Schrift war schwungvoll und elegant gerun-
det, weshalb ich annahm, dass sie von einer Frau stamm-
te. Das S war besonders verschnörkelt, es ähnelte den
Ranken einer Weinrebe.

Zwar fand ich das Kritzeln in ein gedrucktes Werk ärger-
lich, aber ich musste der Kommentatorin aus tiefstem
Herzen recht geben.

Sachte blätterte ich weiter und fand acht Seiten später
das Wort »Schicksal« in folgendem Satz umkreist: »Das
Schicksal vieler Edelsteine ist es, in Schmuck verwandelt
zu werden.«

Diesmal war die Schrift am Seitenrand blau, aber es war

der gleiche, raumgreifende Schwung. »Ich glaube an das Schicksal, auch wenn es nicht wissenschaftlich begründbar ist! Und das Schicksal der Steine ist es einfach, Steine zu sein!«

Auch darin musste ich ihr beipflichten. Ob sie wohl auch zu anderen Themen Kluges zu sagen hatte, oder waren nur Edelsteine ihre Passion?

Ich blätterte zu den Lebensmitteln und fand dort zu »Kaffee« folgende Anmerkung: »Dieses Getränk ist ein Geschenk an den Geist! Es weckt ihn und belebt ihn. Am besten genießt man es mit einem frisch gebackenen Croissant.«

Je mehr ich suchte, desto mehr fand ich. Die Autorin, denn so musste man sie doch nennen, schließlich erweiterte sie das Werk, hatte zu fast allem etwas zu sagen. Etwas Kluges noch dazu. Ich las gar nicht mehr die eigentlichen Einträge, sondern nur noch ihre Worte. Ob sie sich wohl auch für Stenografie interessierte? »Wollte ich immer lernen!«, schrieb sie dort. »Aber mir fehlte die Zeit – dabei hätte die Stenografie mir Zeit gespart.«

Ich musste schmunzeln und strich sanft über ihre Worte.

In diesem Moment wurde meine Station erstmals aufgerufen. So wie eine Mutter ihr Kind zum Essen rief, obwohl es fröhlich draußen mit dem Springseil hüpfte.

Ich musste dieser Frau überall antworten, wo ich es zuvor sträflich unterlassen hatte! Wir führten auf diese Art ein angeregtes Gespräch, auch wenn nur einer den anderen hören konnte.

Dann wurde der Name meines Zielbahnhofs erneut ge-

bellt, nun schon mit der Information, auf welcher Zug-
seite sich der Ausstieg befinden würde, und welchen
Ausgang man nehmen musste, um auf schnellstem Weg
zum berühmten Weihnachtsmarkt der Stadt zu gelan-
gen.

Sollte ich die Bücher mitnehmen, um das Gespräch wei-
terzuführen? Aber sie würde die kleine Bibliothek sicher
vermissen, die sie mit ihren Anmerkungen zutiefst zu ihrer eigenen gemacht hatte.

Schnell griff ich nochmals zum ersten Band und blätterte zum Eintrag über Kaffee.

»Lassen Sie uns bitte weiter über dieses Buch reden!«,
schrieb ich. »Bei einem Kaffee und frisch gebackenen
Croissants?« Darunter meine Adresse und Telefonnum-
mer.

Statt sie im Fundbüro abzugeben, ließ ich die Bibliothek
beim Aussteigen genauso liegen, wie ich sie vorgefunden
hatte: exakt übereinandergestapelt.

Denn auch ich glaube ganz fest an das Schicksal.

Vor allem in den magischen Tagen zwischen den Jahren.

Wunder geschehen

Antoine de Saint-Exupéry
Der Schatz des Kindes

Und man sagt dir, die Gesichter in dieser Nacht seien anders als sonst. Denn sie erwarten ein Wunder. Und du siehst, wie die Alten alle ihren Atem anhalten und gebannt auf die Augen der Kinder schauen und sich auf großes Herzklopfen gefasst machen. Denn in den Augen dieser Kinder wird etwas Unfassbares geschehen, das nicht mit Gold aufzuwiegen ist. Das ganze Jahr hindurch hast du es aufgebaut: durch die Erwartung und durch Versprechen und vor allem durch deine wissenden Mienen und deine geheimen Anspielungen und die Unermesslichkeit deiner Liebe. Und dann wirst du irgendein unscheinbares Spielzeug aus gefirnisstem Holz vom Baume nehmen und es dem Kind reichen, wie es der Überlieferung deiner Bräuche entspricht. Und das ist der Augenblick. Und keiner wagt mehr zu atmen. Und das Kind klappt mit den Lidern, denn man hat es frisch aus dem Schlafe geholt. Und nun sitzt es auf deinen Knien mit dem frischen Geruch des Kindes, das man eben aus dem Schlaf geholt hat, und wenn es dir um den Hals fällt, bereitet es dir einen Brunnen fürs Herz, nach dessen Wasser dich dürstet. (Und das ist der große Kummer der Kinder, dass man ihnen einen Quell ausraubt, der in ihnen ist und den sie selbst nicht kennen und zu dem alle trinken kommen, die im Herzen gealtert sind, um wieder jung zu werden.) Aber es ist jetzt nicht die Zeit für Küsse. Und das Kind blickt auf den Baum, und du blickst auf das Kind. Denn wie eine seltsame Blume, die einmal im Jahre unter dem Schnee hervorsprießt, gilt es, sein verwundertes Staunen zu pflücken.

Und sieh, da macht dich eine gewisse Farbe der Augen ganz glücklich. Sie werden dunkel, und plötzlich, sobald das Geschenk es berührt hat, umschlingt das Kind seinen Schatz, um innen sein Licht zu empfangen, so wie die Seeanemonen das tun. Und es würde fliehen, wenn du es fliehen ließest. Und du kannst nicht mehr hoffen, es einzuholen. Sprich nicht zu ihm, es hört dich nicht mehr. Sage mir nur nicht, diese kaum veränderte Farbe sei ohne Gewicht. Denn selbst wenn sie für dein Jahr und den Schweiß deiner Arbeit und das Bein, das du im Kriege verloren hast, und deine durchgegrübelten Nächte und die Kränkungen und Leiden, die du erduldest, der einzige Lohn wäre – sie würde dich doch jetzt entschädigen und dich mit Staunen erfüllen.

Axel Hacke
Als ich Jesus war

Noch zwei Wochen bis Weihnachten. Ich hatte in der Stadt etwas zu erledigen gehabt, auf dem Heimweg war ich über den Christkindlmarkt gegangen und hatte zufällig Bruno getroffen, meinen alten Freund. Wir hatten uns schon eine ganze Weile nicht mehr gesehen, tranken einen Glühwein zusammen, aßen eine Bratwurst und tranken noch einen Glühwein. In leicht gehobener Stimmung machte ich mich auf den Heimweg, nicht ohne noch an einem der Stände auf dem Rindermarkt eine handgeschnitzte Christkindkrippe für unser Wohnzimmer zu kaufen, wie Paola es mir aufgetragen hatte.

Ich nahm den Weg über den Färbergraben. An der Ecke Sendlinger Straße, beim Kaufhaus Konen, saß ein Bettler auf dem Boden, vor sich einen Hut mit ein paar Münzen darin, neben sich ein paar Krücken.

Ich befand mich, wie gesagt, in beschwingter Stimmung, und so rief ich (weiß der Himmel, was mich dazu bewegte) dem Mann ein fröhliches »Steh auf und geh!« zu.

Wer beschreibt mein Erstaunen, als der Mensch sich sogleich aus den Decken wickelte, die seine Beine bedeckten, wie er sich mühsam auf die Knie drehte, langsam erhob, seine Krücken nahm, schließlich stand und dann aber diese Krücken von sich wegschob, sodass sie zu Boden fielen, einige wackelige Schritte machte, sich mit der linken Hand am Schaufenster abstützte, dies aber schon mehr aus Verwunderung denn aus Schwäche – und wie er dann, Schritt für Schritt sicherer werdend, die Sendlinger Straße entlangging, stadtauswärts, die Richtung zur Asamkirche nehmend.

Ich blieb eine Weile stehen, seltsam berührt, dann ging ich weiter, folgte dem Mann, verlor ihn aber aus den Augen, ging weiter, an der Asamkirche vorbei, erreichte schließlich die Metzgerei Murr. Ich betrat das Geschäft und postierte mich vor dem Kühlregal mit den Getränken. Lange betrachtete ich die Mineralwasserflaschen, dann machte ich eine unbestimmte Handbewegung in ihre Richtung.

Schlagartig färbte sich das Innere der Flaschen rot.

Ich nahm eine von ihnen und ging zur Kasse, um zu bezahlen. Die Verkäuferin betrachtete die Flasche geradezu fassungslos. Ich legte ihr die Hand auf die Schulter, um sie zu beruhigen, legte das Geld für die Flasche passend auf den Zahlteller und verließ den Laden. Von der Straße aus konnte ich sehen, wie die Kassiererin sich erhob, zum Getränkeregal ging und die Flaschen betrachtete. Sie rief einen Mann im weißen Kittel herbei, der ebenfalls staunend verharrte, dann eine Flasche nahm, sie öffnete und trank. Er rief etwas, aber ich konnte es nicht verstehen, ließ die Frau probieren, die aufgeregt zur Tür zeigte, in meine Richtung.

Ich machte mich davon, nicht ohne selbst einen Schluck aus der soeben erstandenen Flasche zu nehmen.

Ein perlender Lambrusco, ohne Zweifel, nichts Besonderes. Aber mit ein bisschen mehr Mühe, beim nächsten Mal …

Ich ging weiter, in Richtung meines Viertels, am Sendlinger Tor vorbei, Richtung Feuerwache. Ich merkte, dass mir einige Leute folgten, seit ich in dem Laden gewesen war, ja, ich glaubte sogar, den Bettler zu erkennen, auch einige Menschen, die schneller gingen und Handys in den Händen hielten, sei es, weil sie telefonierten, sei es, weil sie Fotos machen wollten.

Ich blieb kurz stehen, richtete meine Hände gen Himmel und sagte leise: »Schnee! Wind!«

Worauf sich sofort ein Schneesturm erhob, so stark, dass man nur in schräger Haltung gebeugt vorangehen konnte. Die Leute hinter mir verschwanden im dichten Flockenwirbel, und ich beeilte mich, nach Hause zu kommen und die am Christkindlmarkt gekaufte kleine Krippe an ihren Platz im Krippenhäuschen zu stellen, entschlossen, kein Wort über diese Angelegenheit zu verlieren.

Was ich auch nie getan habe, bis heute.

Bertolt Brecht
Das Paket des lieben Gottes

Eine Weihnachtsgeschichte

»Nehmt eure Stühle und eure Teegläser mit hier hinter
den Ofen und vergeßt den Rum nicht. Es ist gut, es warm
zu haben, wenn man von der Kälte erzählt.

Manche Leute, vor allem eine gewisse Sorte Männer,
die etwas gegen Sentimentalität hat, haben eine starke
Aversion gegen Weihnachten. Aber zumindest *ein* Weihnachten in meinem Leben ist bei mir wirklich in bester
Erinnerung. Das war der Weihnachtsabend 1908 in Chicago.

Ich war anfangs November nach Chicago gekommen,
und man sagte mir sofort, als ich mich nach der allgemeinen Lage erkundigte, es würde der härteste Winter
werden, den diese ohnehin genügend unangenehme Stadt
zustande bringen könnte. Als ich fragte, wie es mit den
Chancen für einen Kesselschmied stünde, sagte man mir,
Kesselschmiede hätten keine Chancen, und als ich eine
halbwegs mögliche Schlafstelle suchte, war alles zu teuer
für mich. Und das erfuhren in diesem Winter 1908 viele
in Chicago, aus allen Berufen.

Und der Wind wehte scheußlich vom Michigan-See her-
über durch den ganzen Dezember, und gegen Ende des
Monats schlossen auch noch eine Reihe großer Fleisch-
packereien ihren Betrieb und warfen eine ganze Flut
von Arbeitslosen auf die kalten Straßen.

Wir trabten die ganzen Tage durch sämtliche Stadtviertel und suchten verzweifelt nach etwas Arbeit und waren froh, wenn wir am Abend in einem winzigen, mit erschöpften Leuten angefüllten Lokale im Schlachthofviertel unterkommen konnten. Dort hatten wir es wenigstens warm und konnten ruhig sitzen. Und wir saßen, so lange es irgend ging, mit *einem* Glas Whisky, und wir sparten alles den Tag über auf für dieses eine Glas Whisky, in das noch Wärme, Lärm und Kameraden mit einbegriffen waren, all das, was es an Hoffnung für uns noch gab.

Dort saßen wir auch am Weihnachtsabend dieses Jahres, und das Lokal war noch überfüllter als gewöhnlich und der Whisky noch wässeriger und das Publikum noch verzweifelter. Es ist einleuchtend, daß weder das Publikum noch der Wirt in Feststimmung geraten, wenn das ganze Problem der Gäste darin besteht, mit einem Glas eine ganze Nacht auszureichen, und das ganze Problem des Wirtes, diejenigen hinauszubringen, die leere Gläser vor sich stehen hatten.

Aber gegen zehn Uhr kamen zwei, drei Burschen herein, die, der Teufel mochte wissen woher, ein paar Dollar in der Tasche hatten, und die luden, weil es doch eben Weihnachten war und Sentimentalität in der Luft lag, das ganze Publikum ein, ein paar Extragläser zu leeren. Fünf Minuten darauf war das ganze Lokal nicht wiederzuerkennen.

Alle holten sich frischen Whisky (und paßten nun ungeheuer genau darauf auf, daß ganz korrekt eingeschenkt wurde), die Tische wurden zusammengerückt, und ein verfroren aussehendes Mädchen wurde gebeten, einen Cakewalk zu tanzen, wobei sämtliche Festteilnehmer mit den Händen den Takt klatschten. Aber, was soll ich sagen, der Teufel mochte seine schwarze Hand im Spiele haben, es kam keine rechte Stimmung auf.

Ja, geradezu von Anfang an nahm die Veranstaltung einen direkt bösartigen Charakter an. Ich denke, es war der Zwang, sich beschenken lassen zu müssen, der alle so aufreizte. Die Spender dieser Weihnachtsstimmung wurden nicht mit freundlichen Augen betrachtet. Schon nach den ersten Gläsern des gestifteten Whiskys wurde der Plan gefaßt, eine regelrechte Weihnachtsbescherung, sozusagen ein Unternehmen größeren Stiles, vorzunehmen.

Da ein Überfluß an Geschenkartikeln nicht vorhanden war, wollte man sich weniger an direkt wertvolle und mehr an solche Geschenke halten, die für die zu Beschenkenden passend waren und vielleicht sogar einen tieferen Sinn hatten.

So schenkten wir dem Wirt einen Kübel mit schmutzigem Schneewasser von draußen, wo es davon gerade genug gab, ›damit er mit seinem alten Whisky noch ins neue Jahr hinein ausreichte‹. Dem Kellner schenkten wir eine alte erbrochene Konservenbüchse, ›damit er wenigstens ein anständiges Servicestück hätte‹, und einem zum Lokal gehörigen Mädchen ein schartiges Taschenmesser, ›damit sie wenigstens die Schicht Puder vom vergangenen Jahr abkratzen könnte‹.

Alle diese Geschenke wurden von den Anwesenden, vielleicht nur die Beschenkten ausgenommen, mit heraus-

forderndem Beifall bedacht. Und dann kam der Haupt-
spaß.

Es war nämlich unter uns ein Mann, der mußte einen
schwachen Punkt haben. Er saß jeden Abend da, und
Leute, die sich auf dergleichen verstanden, glaubten
mit Sicherheit behaupten zu können, daß er, so gleichgül-
tig er sich auch geben mochte, eine gewisse unüberwind-
liche Scheu vor allem, was mit der Polizei zusammen-
hing, haben mußte. Aber jeder Mensch konnte sehen,
daß er in keiner guten Haut steckte.

Für diesen Mann dachten wir uns etwas ganz Besonderes
aus. Aus einem alten Adreßbuch rissen wir mit Erlaub-
nis des Wirtes drei Seiten aus, auf denen lauter Polizei-
wachen standen, schlugen sie sorgfältig in eine Zeitung
und überreichten das Paket unserm Mann.

Es trat eine große Stille ein, als wir es überreichten. Der
Mann nahm das Paket zögernd in die Hand und sah uns
mit einem etwas kalkigen Lächeln von unten herauf an.
Ich merkte, wie er mit den Fingern das Paket anfühlte,
um schon vor dem Öffnen festzustellen, was darin sein
könnte. Aber dann machte er es rasch auf.

Und nun geschah etwas sehr Merkwürdiges. Der Mann
nestelte eben an der Schnur, mit der das ›Geschenk‹ ver-
schnürt war, als sein Blick scheinbar abwesend auf das
Zeitungsblatt fiel, in das die interessanten Adreßbuch-
blätter geschlagen waren. Aber da war sein Blick schon
nicht mehr abwesend. Sein ganzer dünner Körper (er
war sehr lang) krümmte sich sozusagen um das Zeitungsblatt zusammen, er bückte sein Gesicht tief darauf
herunter und las. Niemals, weder vor- noch nachher, ha-

be ich je einen Menschen so lesen sehen. Er verschlang das, was er las, einfach. Und dann schaute er auf. Und wieder habe ich niemals, weder vor- noch nachher, einen Mann so strahlend schauen sehen wie diesen Mann.

Da lese ich eben in der Zeitung, sagte er mit einer verrosteten, mühsam ruhigen Stimme, die in lächerlichem Gegensatz zu seinem strahlenden Gesicht stand, daß die ganze Sache einfach schon lang aufgeklärt ist. Jedermann in Ohio weiß, daß ich mit der Sache nicht das Geringste zu tun hatte. Und dann lachte er.

Und wir alle, die erstaunt dabeistanden und etwas ganz anderes erwartet hatten und fast nur begriffen, daß der Mann unter irgendeiner Beschuldigung gestanden und inzwischen, wie er eben aus diesem Zeitungsblatt erfahren hatte, rehabilitiert worden war, fingen plötzlich an, aus vollem Halse und fast aus dem Herzen mitzulachen, und dadurch kam ein großer Schwung in unsere Veranstaltung, die gewisse Bitterkeit war überhaupt vergessen, und es wurde ein ausgezeichnetes Weihnachten, das bis zum Morgen dauerte und alle befriedigte.

Und bei dieser allgemeinen Befriedigung spielte es natürlich gar keine Rolle mehr, daß dieses Zeitungsblatt nicht wir ausgesucht hatten, sondern Gott.«

Richard Hughes
Der Weihnachtsbaum

Es war Heiligabend, und der Weihnachtsbaum stand fertig geschmückt für die Feiertage da. Aber kaum waren alle zu Bett gegangen, als die Spielsachen, die am Baum hingen, miteinander zu reden und zu tuscheln begannen.

»Es wäre doch ein rechter Spaß«, sagten sie, »wenn wir alle heruntersteigen und uns verstecken würden.«

Sie kletterten also alle vom Baum herunter und ließen ihn ganz kahl zurück und versteckten sich – einige hinter den Schränken, und einige hinter den Heizröhren, und einige hinter den Büchern auf den Regalen im Wohnzimmer und wo es ihnen sonst noch einfiel.

Am ersten Feiertag kamen die Kinder herunter und wünschten einander fröhliche Weihnachten: aber als sie ihren entzückenden Baum ganz kahl dastehen sahen mit nicht einmal einem einzigen Knallbonbon mehr daran, da weinten und weinten sie heiße Tränen.

Als sie die Kinder weinen hörten, schämten sich die Spielsachen gehörig wegen des unartigen Streichs, den sie ihnen gespielt hatten: Trotzdem aber mochten sie nicht recht aus ihren Verstecken hervorkommen, während jemand herumstand. Sie warteten also, bis alle in die Kirche gegangen waren, und dann schlüpften sie hervor.

»Ich weiß!« sagte die Arche Noah und sprach mit all ihren Stimmen zugleich, »ich hab' eine Idee!«

Sie führte also die andern Spielsachen zum Haus hinaus

und in die Stadt, und da trennten sie sich und suchten sich ihren Weg durch die Hintertür in jeden Spielzeugladen und in jeden Süßigkeitsladen. Einmal drinnen, luden sie alle Spielsachen und alle Süßigkeiten zu einer großen Gesellschaft ein, die sie gäben, und führten sie zurück zum Haus. »Hier ist es, wo wir unsere Gesellschaft geben«, sagten sie und zeigten auf den Weihnachtsbaum. So kletterten denn alle die neuen Spielsachen zu den Zweigen des Baums hinauf und hängten sich dran. Es war wahrhaftig kaum genug Platz für sie alle, denn es waren nun zehnmal soviel da als vorher.

Die ganze Zeit in der Kirche hatten die Kinder still hinter ihren Gesangbüchern in sich hineingeweint und waren noch immer ziemlich traurig, als sie nach Haus kamen; aber als sie ihren Weihnachtsbaum erblickten mit zehnmal soviel Geschenken daran, als vorher dagewesen waren, und mit zehnmal soviel Kerzen, die einander lieblich anstrahlten, da lachten sie und klatschten in die Hände und jauchzten vor Freude und sagten, in ihrem ganzen Leben hätten sie noch niemals einen so bezaubernden Weihnachtsbaum gesehen!

Paulo Coelho
Ein Platz im Paradies

*(In Anlehnung an eine chassidische Erzählung
von David Mandel)*

Vor vielen Jahren lebte im Nordosten Brasiliens ein bit-
terarmes Paar, dessen einziger Besitz ein Huhn war. Von
den Eiern, die es legte, konnten sie sich schlecht und
recht ernähren.

Nun starb aber das Tier am Vorabend von Weihnachten.
Der Mann hatte nur ein paar Cent, und das reichte nicht,
um Nahrung für das Weihnachtsmahl zu kaufen. Hilfe-
suchend wandte er sich an den Dorfpfarrer.

Anstatt ihm zu helfen, meinte der Pfarrer nur:

»Wenn Gott eine Tür schließt, öffnet er ein Fenster.
Wenn dein Geld für kaum etwas mehr reicht, dann gehe
auf den Markt und kaufe das Erstbeste, was man dir anbietet. Ich segne diesen Kauf, und da am Weihnachtstag
Wunder geschehen, wird etwas dein Leben für immer
verändern.«

Obwohl er nicht sicher war, ob dies wirklich eine gute
Lösung sei, ging der Mann auf den Markt. Ein Händler
sah ihn ziellos umherlaufen und fragte ihn, was er suche.

»Ich weiß es nicht. Ich habe nur sehr wenig Geld, und
der Pfarrer hat gesagt, ich solle das Erstbeste, das man
mir anbietet, kaufen.«

Der Händler war steinreich, ließ aber dennoch keine Gelegenheit aus, etwas dazuzuverdienen. Er nahm sogleich die Münzen, kritzelte etwas auf ein Stück Papier und gab es dem Mann. »Der Rat des Pfarrers war richtig. Da ich immer ein guter Mensch war, verkaufe ich dir an diesem Festtag meinen Platz im Paradies! Hier ist die Urkunde!«

Der Mann nahm das Papier und ging davon, während der Händler stolz auf ein weiteres gutes Geschäft zurückblieb. Am selben Abend, als er sich in seinem Haus voller Dienstboten für das Weihnachtsmahl fertig machte, erzählte er seiner Frau die Geschichte und fügte hinzu, dass er dank seiner Fähigkeit, schnell denken zu können, sehr reich geworden sei.

»Du solltest dich schämen«, sagte seine Frau. »So was tut man doch nicht. Und erst recht nicht an Weihnachten! Geh sofort zum Haus dieses Mannes und hol das Papier wieder zurück. Andernfalls setzt du keinen Fuß mehr hier herein.«

Erschrocken über den Zorn seiner Frau, gehorchte der Händler. Er musste sich lange durchfragen, bis er das Haus des Mannes fand. Als er eintrat, sah er das Ehepaar an einem leeren Tisch sitzen, in dessen Mitte das Papier lag.

»Ich bin hergekommen, weil ich falsch gehandelt habe«, sagte der Händler. »Hier ist dein Geld, bitte gib mir zurück, was ich dir verkauft habe.«

»Sie haben nichts Falsches getan«, entgegnete der arme Mann. »Ich habe den Rat des Pfarrers befolgt und weiß, dass ich etwas Gesegnetes besitze.«

»Das ist doch nur ein Stück Papier: Niemand kann seinen Platz im Paradies verkaufen! Wenn du willst, zahle ich dir das Doppelte.«

Doch da er an Wunder glaubte, wollte der arme Mann das Papier nicht verkaufen. Der Händler erhöhte sein Angebot immer weiter, bis er bei zehn Goldstücken angelangt war.

»Das wird mir nichts bringen«, sagte der arme Mann. »Ich muss meiner Frau ein würdigeres Leben ermöglichen, und dazu brauche ich hundert Goldstücke. Auf dieses Wunder warte ich an diesem Weihnachtsabend.«

Verzweifelt, weil er wusste, dass, wenn er noch mehr Zeit verlor, in seinem Haus niemand zu Abend essen oder zur Mitternachtsmesse gehen könnte, zahlte der Mann am Ende die hundert Goldstücke. Für die beiden armen Leute erfüllte sich ein Wunder. Der Händler erfüllte, was seine Frau von ihm verlangt hatte. Aber seine Frau war sich nicht sicher: War sie ihrem Mann gegenüber nicht zu hart gewesen?

Gleich nach dem Ende der Messe sprach sie den Pfarrer an:

»Mein Ehemann hat den armen Mann getroffen, dem Sie vorgeschlagen hatten, das Erstbeste zu kaufen, was man ihm anbot. Da er leicht verdientes Geld vermutete, schrieb mein Mann ihm auf ein Stück Papier, dass er ihm seinen Platz im Paradies verkaufe. Ich habe ihm gesagt, es werde bei uns im Haus kein Weihnachtsessen geben, wenn er das Papier nicht wieder zurückbringe. Am Ende hat er hundert Goldstücke dafür zahlen müssen. War ich zu streng? Ist ein Platz im Paradies wirklich so viel wert?«

»Erstens hat dein Mann an diesem im christlichen Leben so bedeutsamen Tag großzügig sein können. Zweitens war er ein Werkzeug Gottes, damit sich ein Wunder vollziehen konnte. Aber, um auf deine Frage zu antworten: Als er seinen Platz im Himmel für ein paar Cent verkaufte, war dein Mann nicht einmal diesen Preis wert. Als er sich aber entschloss, ihn für hundert Goldstücke zurückzukaufen, nur um der Frau, die er liebt, eine Freude zu bereiten, hat er sich, das kann ich dir versichern, als sehr viel mehr wert erwiesen als nur das!«

Ray Bradbury
Das Weihnachtsgeschenk

Es war ein Tag vor Weihnachten, und noch während die drei zum Raumschiff-Flughafen fuhren, machten Mutter und Vater sich Gedanken. Es war das erste Mal, daß ihr kleiner Sohn in den Weltraum flog, das erste Mal, daß er überhaupt in ein Raumschiff stieg, und sie wollten, daß alles vollkommen war. Als sie am Zolltisch das Geschenk für ihn zurücklassen mußten, das nur wenige Gramm schwerer war, als die vorschriftsmäßige Gewichtsgrenze erlaubte, und auch den kleinen Baum mit den weißen Kerzen, fühlten sie sich um die ganze Weihnachtsfreude und um die eigene Liebe betrogen.

Der Junge erwartete sie im Abfertigungsraum. Während sie nach dem erfolglosen Zusammenstoß mit den interplanetaren Beamten auf ihn zugingen, flüsterten sie miteinander.

»Was sollen wir tun?«

»Nichts. Nichts. Was können wir tun?«

»Diese dämlichen Vorschriften!«

»Und er hatte sich so sehr einen Weihnachtsbaum gewünscht!«

Die Sirene heulte auf, und die Leute drängten sich in das Marsraumschiff. Mutter und Vater gingen schweigend am Schluß, ihren kleinen blassen Sohn zwischen sich.

»Ich werde mir schon etwas einfallen lassen«, sagte der Vater.

»Was …?« fragte der Junge.

Das Raumschiff startete, und sie wurden kopfüber in den dunklen Weltraum geschleudert.

Das Raumschiff ließ Feuer zurück und die Erde, auf der man den 24. Dezember des Jahres 2052 schrieb; es schoß hinaus, dorthin, wo es keine Zeit gab, keinen Monat, kein Jahr, keine Stunde. Sie verschliefen den restlichen »Tag«. Um Mitternacht irdischer Zeit und nach den New Yorker Uhren wachte der Junge auf und sagte: »Ich möchte aus der Luke sehen.« Es gab nur oben auf dem nächsten Deck eine Luke, ein ziemlich großes »Fenster« mit einer Scheibe aus ungeheuer dickem Glas.

»Jetzt noch nicht«, sagte der Vater. »Ich nehme dich später mit hinauf.«

»Ich möchte sehen, wo wir sind und wohin wir fliegen.«

»Ich möchte aber aus einem bestimmten Grund, daß du noch wartest«, sagte der Vater.

Er hatte wach gelegen, sich von einer Seite auf die andere gedreht und an das zurückgelassene Geschenk gedacht, an das bevorstehende Weihnachtsfest, den verlorenen Baum mit den weißen Kerzen. Endlich, vor fünf Minuten, hatte er sich aufgerichtet und glaubte nun einen Plan gefunden zu haben. Er brauchte ihn nur auszuführen, damit die Reise wirklich schön wurde.

»In genau einer Stunde ist Weihnachten, mein Sohn«, sagte der Vater.

»Oh«, sagte die Mutter, entsetzt darüber, daß er das Fest erwähnte. Sie hatte gehofft, der Junge würde es vergessen.

Das Gesicht des Jungen rötete sich wie im Fieber, und

seine Lippen zitterten. »Ich weiß, ich weiß. Ich kriege doch ein Geschenk, nicht wahr? Bekomme ich einen Baum? Ihr habt mir versprochen …«

»Ja, ja, du bekommst sogar noch mehr«, antwortete der Vater.

»Aber …«, begann die Mutter.

»Es ist mein Ernst«, sagte der Vater. »Du kannst dich darauf verlassen. All das und noch mehr, viel mehr. Entschuldigt mich jetzt. Ich komme gleich wieder.«

Er ließ sie ungefähr zwanzig Minuten allein. Als er wiederkam, lächelte er. »Gleich ist es soweit.«

»Darf ich deine Uhr halten?« fragte der Junge. Er bekam die Uhr und hielt sie in der Hand, während der Rest der Stunde in Feuer und Stille und unmerklicher Bewegung verstrich.

»Jetzt ist Weihnachten! Weihnachten! Wo ist das Geschenk?«

»Hierher«, sagte der Vater, faßte den Jungen bei der Schulter und führte ihn aus dem Raum, durch einen Flur und eine schräge Treppe hinauf; seine Frau kam nach.

»Ich verstehe nicht«, sagte sie immer wieder.

»Du wirst schon verstehen. Wir sind da«, sagte der Vater.

Sie blieben vor der Tür einer großen Kabine stehen. Der Vater klopfte dreimal und dann zweimal, ein Signalzeichen. Die Tür öffnete sich, das Licht in der Kabine erlosch, und man hörte Stimmen flüstern.

»Geh hinein, mein Sohn«, sagte der Vater.

»Es ist so dunkel.«

»Ich halte dich an der Hand. Komm, Mama.«

Sie traten in den Raum, die Tür schloß sich hinter ihnen, und der Raum war wirklich sehr dunkel.

Vor ihnen tauchte ein großes Glasauge auf, die Luke, ein Fenster, etwa einen Meter zwanzig hoch und einen Meter achtzig breit, durch das sie in den Weltraum hinausschauen konnten.

Der Junge erschrak.

Hinter ihm erschraken auch die Eltern, aber jetzt fingen in der dunklen Kabine ein paar Menschen an zu singen.

»Fröhliche Weihnachten, mein Sohn«, sagte der Vater.

Die Stimmen sangen die alten, vertrauten Weihnachtslieder. Der Junge ging langsam vorwärts und preßte dann sein Gesicht an das kalte Glas der Luke. Da stand er lange Zeit und schaute hinaus in den Weltraum, in die tiefe Nacht, in der zehn Milliarden hübsche weiße Kerzen brannten …

Quellennachweise

Claire Beyer (*1947)
Der Stern, S. 55
Originalbeitrag © Claire Beyer. Abdruck mit freundlicher Genehmigung der Autorin.

Thomas Bernhard (1931-1989)
Von sieben Tannen und vom Schnee … Eine märchenhafte Weihnachtsgeschichte, S. 21
Aus: Thomas Bernhard, Werke. Band 14: Erzählungen. Kurzprosa. Herausgegeben von Hans Höller, Martin Huber und Manfred Mittermayer. © Suhrkamp Verlag Frankfurt am Main 2003.

Ray Bradbury (1920-2012)
Das Weihnachtsgeschenk, S. 145
Aus: Ray Bradbury, Das Weihnachtsgeschenk und andere Weihnachtsgeschichten. Aus dem Amerikanischen von Margarete Bormann. 2008 Diogenes Verlag AG Zürich. Copyright der deutschsprachigen Übersetzung © 1981, 2008 Diogenes Verlag AG Zürich. Abdruck mit freundlicher Genehmigung von Andrew Nurnberg Ass., London.

Bertolt Brecht (1989-1956)
Das Paket des lieben Gottes. Eine Weihnachtsgeschichte, S. 134
Aus: Bertolt Brecht, Ausgewählte Werke in sechs Bänden, Band V. © Suhrkamp Verlag Frankfurt am Main 1997.

Kate Chopin (1851-1932)
Madame Martels Weihnachtsabend, S. 79
Aus: Weihnachten. Prosa der Weltliteratur. Herausgegeben von Bernhard Heinser. Aus dem Amerikanischen von Anne Marie Fröhlich. © 1987 by Manesse Verlag, Zürich, in der Verlagsgruppe Random House GmbH, München.

Paulo Coelho (*1947)
Ein Platz im Paradies, S. 141
Aus: Paulo Coelho, Zehn Weihnachtsgeschichten. Aus dem Brasiliani-

schen von Maralde Meyer-Minnemann. Copyright der deutschsprachigen Erzählung © 2014 Diogenes Verlag AG Zürich.

Urs Faes (*1947)
Weihnacht am See. Ein Märchen, S. 110
Aus: Alles Lametta. Neue Weihnachtsgeschichten. Herausgegeben von Susanne Gretter. Suhrkamp Verlag Berlin 2015. © Urs Faes. Abdruck mit freundlicher Genehmigung des Autors.

Axel Hacke (*1956)
Als ich Jesus war, S. 131
Aus: Axel Hacke, Alle Jahre schon wieder. © Verlag Antje Kunstmann GmbH, München 2009.

Carsten Henn (*1973)
Die Bibliothek des allgemeinen und praktischen Wissens, S. 121
Erstveröffentlichung: DB Mobil. Das Magazin der Deutschen Bahn. November 2022. © Carsten Henn. Abdruck mit freundlicher Genehmigung des Autors.

Richard Hughes (1900-1976)
Der Weihnachtsbaum, S. 139
Aus: Richard Hughes, Das Walfischheim. Märchen. Übertragung von Käthe Rosenberg. © Suhrkamp Verlag Frankfurt am Main 1953.

Gabriela Jaskulla (*1962)
Ein Lied zur Weihnacht, S. 66
Originalbeitrag. © Gabriela Jaskulla. Abdruck mit freundlicher Genehmigung der Autorin.

Siegfried Kracauer (1898-1966)
Weihnachtlicher Budenzauber, S. 9
Aus: Siegfried Kracauer, Straßen in Berlin und anderswo. © Suhrkamp Verlag Frankfurt am Main 1964.

Karl Krolow (1915-1999)
Eine Weihnachtserinnerung, die ich vergaß, S. 26
Aus: Geschichten vom Christkind und vom Weihnachtsmann.
Ausgewählt von Peter Wenzel. Insel Verlag Frankfurt am Main und Leipzig 2003. © Peter Krolow. Abdruck mit freundlicher Genehmigung.

Marco Lodoli (*1956)
Weihnachten in den Straßen Roms
Weihnachten in der Via Lago Tana*, S. 13
Aus: Marco Lodoli, Unter dem blauen Himmel Roms. Neue Streifzüge durch die Ewige Stadt. Aus dem Italienischen übertragen von Gundl Nagl. © Insel Verlag Berlin 2016.
Der Stuhl des Teufels, S. 14
Aus: Marco Lodoli, Spaziergänge in Rom. Ausgewählt und aus dem Italienischen übertragen von Gundl Nagl. © Insel Verlag Berlin 2018.

Armando Massarenti (*1961)
Beweise für die Existenz des Weihnachtsmanns, S. 51
Aus: Armando Massarenti, Zwergenweitwurf und andere philosophische Übungen. Mit einem Vorwort von Umberto Eco. Aus dem Italienischen von Karin Krieger. © Insel Verlag Frankfurt am Main und Leipzig 2009.

Timo Parvela (*1964)
Wie nennt man den Sohn des Weihnachtsmanns?, S. 45
Aus: Timo Parvela, Ella auf Klassenfahrt. Übersetzung aus dem Finnischen von Anu und Nina Stohner. © 2009 Carl Hanser Verlag GmbH Co. KG, München. Abdruck mit freundlicher Genehmigung von Carl Hanser Verlag GmbH & Co. KG München.

Antoine de Saint-Exupéry (1900-1944)
Der Schatz des Kindes, S. 129
Aus: Antoine de Saint-Exupéry, Die Stadt in der Wüste. Deutsch von Oswalt von Nostitz. © 1956 und 2009 Karl Rauch Verlag, Düsseldorf.

Dylan Thomas (1914-1953)
Weihnachten in meiner Kindheit, S. 32
Aus dem Englischen von Eike Schönfeld. © Insel Verlag Berlin 2019.

Robert Walser (1878-1956)
Die kleine Schneelandschaft, S. 17
Aus: Robert Walser, Sämtliche Werke in Einzelausgaben. Herausgegeben von Jochen Greven. Vierter Band: Kleine Dichtungen. © Suhrkamp Verlag Frankfurt am Main 1985.

Wunderbare Weihnachtsgeschichten

Weihnachten ist das Fest der Besinnlichkeit und Symbol immer wieder erneuerter Hoffnungen. Über allen der Wunsch nach Frieden in der Welt und Glück im privaten Leben.

Die hier versammelten Geschichten erzählen vom Wunder der Heiligen Nacht, mit dem alles begann, vom Kindheitstraum Weihnachten und vom Fest im Kreis der Familie, ebenso wie von freudiger Erwartung und davon, was in dieser besonderen Zeit alles passieren kann.

Mit Texten von Hans Christian Andersen, Peter Bichsel, Bertolt Brecht, Alex Capus, Peter Handke, Hermann Hesse, Erich Kästner, Rafik Schami, Wilhelm Schmid, Uwe Tellkamp, Elizabeth von Arnim, Marieluise Fleißer, Marie Luise Kaschnitz, Selma Lagerlöf, Root Leeb, Else Lasker-Schüler, Sheila O'Flanagan u. v. a.

Das große Weihnachtsbuch. insel taschenbuch 4936. 330 Seiten.

NF 581/1/7.23

Weihnachten ist Lese- und Vorlesezeit

Weihnachtszeit ist Lese- und Vorlesezeit. Dieser Band versammelt die schönsten Advents- und Weihnachtsgeschichten zum Vorlesen für die ganze Familie. Heiteres und Besinnliches, Klassisches und Modernes für Alt und Jung.

Von Vorfreude und spannender Erwartung, von den Festen ihrer Kindheit und Stunden im Kreis der Familie, aber auch von ganz besonderen Überraschungen am Weihnachtsabend erzählen die in diesem Band versammelten Autorinnen und Autoren.

Zauberhafte Weihnachtsgeschichten zum Vorlesen. Herausgegeben von Gesine Dammel. insel taschenbuch 4803. 189 Seiten.

Dieses Fest werde ich nie vergessen …

Voller Vorfreude werden die Weihnachts- und Adventstage erwartet, und kaum jemand kann sich ihrem Zauber entziehen. Nicht nur für Kinder, sondern auch für die meisten Erwachsenen ist es die schönste Zeit des Jahres. Alle Jahre wieder … Und doch gibt es Feste, die einem in ganz besonderer Erinnerung bleiben – von unvergesslichen Weihnachtserlebnissen erzählen die Autorinnen und Autoren dieses Bandes: von schlittenfahrenden Wunderkerzen in winterlicher Nacht, von schwarzen Weihnachtsmännern in der bayerischen Provinz, von süßen Katastrophen beim Schokofondue und Geschenken, die einen in Staunen versetzen.

Heitere und bewegende, komische und traurig-schöne Geschichten von Eva Demski, Tanja Dückers, Elke Heidenreich, Tatjana Kruse, Christina zu Salm, Herrad Schenk, Franziska Wolffheim, Friedrich von Borries, Eckhart von Hirschhausen, Volker Reiche, Wilhelm Schmid u.v.a.

Ein unvergessliches Weihnachtsfest. Herausgegeben von Gesine Dammel. insel taschenbuch 4554. 220 Seiten